生应该具备的18种品质

史毅军 编著

中国出版集团
现代出版社

图书在版编目（CIP）数据

好学生应该具备的18种品质 / 史毅军编著. — 北京：现代出版社，2011（2025年1月重印）
ISBN 978 - 7 - 5143 - 0315 - 5

Ⅰ. ①好… Ⅱ. ①史… Ⅲ. ①品德教育 - 青年读物 ②品德教育 - 少年读物 Ⅳ. ①D432.62

中国版本图书馆 CIP 数据核字（2011）第146291号

好学生应该具备的18种品质

编　　著	史毅军
责任编辑	张红红
出版发行	现代出版社
地　　址	北京市安定门外安华里504号
邮政编码	100011
电　　话	010 - 64267325　010 - 64245264（兼传真）
网　　址	www.1980xd.com
电子信箱	xiandai@vip.sina.com
印　　刷	三河市人民印务有限公司
开　　本	710mm × 1000mm　1/16
印　　张	13
版　　次	2011年9月第1版　2025年1月第9次印刷
书　　号	ISBN 978 - 7 - 5143 - 0315 - 5
定　　价	49.80元

前　言

在全国加强和改进未成年人思想道德建设工作会议上，胡锦涛总书记将“全面落实思想道德建设的主要任务”作为当前加强和改进未成年人思想道德品质建设要着重解决好的重要问题之首，并从增强爱国情感、确立远大志向、规范行为习惯、提高基本素质等方面，深刻论述了未成年人思想道德品质建设的主要任务。这一论述是对我们党加强和改进未成年人思想道德品质建设经验和青少年成长规律的基本概括，再次明确了未成年人思想道德建设的主要任务及其实现途径，对于加强和改进未成年人思想道德品质建设，具有重要指导意义。

未成年人思想道德品质建设的主要任务，集中体现在中华民族精神的弘扬和培育、正确理想信念的树立、良好道德品质和文明行为的培养、促进人的全面发展为目标的一系列基本素质的提高。全面落实这些任务，是未成年人健康成长的客观需要，也是社会主义社会全面协调可持续发展的本质要求。

为此，本书从青少年的角度出发，详细讲述了人的一生中应该具备的18种品质，说理性文字配之以真实的故事，希望青少年朋友们能够从故事中的各位先贤身上学到他们珍贵的品质，成为一个对祖国和社会有用的人！

目　录

Contents

爱国的品质

忠贞爱国的品质

一、爱国主义精神

“为什么我的眼里常含泪水？/因为我对这土地爱得深沉……”

著名诗人艾青的诗句，从它诞生的那天起，就像长了翅膀，飞进了千千万万中国人的心里，猛烈地撞击着每一个中国人的心灵，掀动着他们的感情。凡是读过这诗句的人，无不为诗人那真诚的深厚的感情所感染。他们也像诗人那样，眼睛里饱含泪水……这是怎样伟大而强烈的爱国之情啊！

所谓爱国就是指千百年来巩固起来的对自己祖国的一种深厚的情感。具体讲就是关心祖国的前途和命运，为祖国的繁荣和昌盛而奋斗，为保卫祖国主权和领土完整而英勇献身。爱我中华是一个中国公民起码应该具备的道德，更是中华民族的优良传统。在中国儒家传统文化里强调“舍生取义”，所谓的“义”就是为了国家利益，不惜牺牲个人生命，捍卫国家主权。爱国一定程度上是保证人的生存自由权利的需要。在社会主义制度下，爱国的内涵与以往相比发生了质的变化。社会主义制度下，实行人民民主专政，国家属于人民，人民是国家的主人。这样，公民爱国，实际上就是爱自己的政权，捍卫自己的根本利益。

中国历史上第一位伟大的爱国诗人屈原，学问广博、才华出众，只因楚王听信谗言而遭流放。但他始终不忘祖国和人民，身居边远地区，仍忧国忧民，宁愿过凄苦的流浪生活，也不去投奔别国而享荣华，当他被逼走投无路时，仍奋力写作，留下著名诗篇《离骚》，抒发了强烈的爱国主义感情。

当英法联军侵入北京，无恶不作时，郊区谢庄百姓自发地组织起反抗队伍，在少年女英雄冯婉贞的带领下，以己之长，攻敌所短，英勇杀敌，使敌人的洋枪洋炮根本派不上用场，最后只好丢下不少洋枪洋炮和一百多具尸体，四散逃命了。这次自发的以少胜多的爱国战斗，大长了中国人民的志气。

林则徐是我国清朝后期的一位爱国官员，他一生为国家和民族做过很多好事，深得百姓拥戴。他为官清廉，在领导抗击侵略者的斗争中更是英勇不屈，虎门销烟的伟大壮举，给侵略者以沉重打击，向世界表明了中国人民反抗侵略者的坚强意志，在历史上谱写了一首爱国主义诗篇。

这些历史上涌现出的爱国英雄，谱写了一首首壮丽诗篇，他们或与外族侵略者展开不屈不挠的斗争，或英勇杀敌，或为国捐躯，都表现出大无畏的英雄气概；有的为官清廉，为了祖国与人民的利益，与恶势力斗争到底；有的潜心著书立说，为祖国的富强和人民的幸福作出了应有的贡献……这些可歌可泣的爱国事迹，充实了爱国主义的内容，丰富了爱国主义的内涵。这是我们中华民族的传统美德。这种美德，值得我们永远继承和发扬。

爱国就是对祖国的热爱和忠诚。历朝历代，数不清的仁人志士都具有强烈的忧国忧民思想，以天下兴亡为己任，临危不惧，前仆后继，捍卫祖国，关怀民生，这种可贵的爱国主义精神，使中华民族历经劫难而不衰。爱国的形式十分广泛，比如热爱祖国的大好河山，热爱民族的发展历史，关心祖国的兴亡命运，在祖国危难之时百折不挠地战斗，为祖国捐躯，为祖国献身，等等，都是爱国主义的表现。在中华民族五千年的历史长河中，中华民族形成了以爱国主义为核心的伟大的民族精神。

曹植的《白马篇》中有云：“捐躯赴国难，视死忽如归。”正是由于对祖国的深切热爱，勇敢、勤劳、智慧的中华儿女共同开拓了辽阔的疆域，创造了辉煌灿烂的历史文化。肩负着实现中华民族伟大复兴的我们，不仅要热爱祖国的大好河山，积极维护祖国的主权独立和领土完整，还要抵制霸权主义，反对强权政治，维护祖国的领土寸土不能丢，不能被分裂侵占；要热爱祖国的历史和文化，提高民族自信心和自尊心，为创造更加辉煌的中华民族文化而尽心尽力。

现在，我国已步入新的历史时期，加入世贸组织使我国与世界各国的联系更加密切，2008 年北京奥运会的成功举办，2010 年的上海世博会的举办，都给我国带来更大的空间，机遇与挑战并存，我们将面临越来越多的新情况、新问题。推进我国改革开放的伟大事业，加快社会主义现代化建设的进程，更需要我们不断弘扬爱国主义的优良传统。只有这样，中华民族才能重振雄风，为人类文明与进步作出更大的贡献。

怎样才算是真正的中国人呢？我们现在已经知道，真正的中国人就是有一颗赤子之心和成熟的品质、追求精神境界的人。简言之，真正的中国人有着童子之心和成年人的智慧。中国人的精神是一种永葆青春的精神，是不朽的民族魂。

中国文明是一种真正的道德文明。它不仅首先公认一种道德责任感，将它作为社会秩序的基础，其次还使人们能够完满地获得这种道德责任感。在中国，教育方式、统治方式和所有的社会制度都为这一目标服务，即致力于培养人们具有道德责任感。所有的见习、个人生活的追求等，无不被鼓励和设计以服务、服从这种道德责任感。爱国就是一种极高的道德品质，一种高山仰止的道德责任感。

二、青少年该如何爱国

梁启超先生说："少年兴则国兴，少年强则国强。"我们要适应时代发展的要求，正确认识祖国的历史和现实，增强爱国的情感和振兴祖国的责任感，树立民族自尊心与自信心；弘扬伟大的中华民族精神，高举爱国主义旗帜，锐意进取，自强不息，艰苦奋斗，顽强拼搏，真正把爱国之志变成报国之行。今天为振兴中华而勤奋学习，明天为创造祖国辉煌未来贡献自己的力量!

每次看到五星红旗在天安门前冉冉升起，我们总会想起胡锦涛总书记要求引导青少年树立正确的社会主义荣辱观的号召。其中第一条就是：以热爱祖国为荣，以危害祖国为耻。要热爱祖国，就要有爱国主义精神。中华民族是一个伟大的民族，爱国主义精神是我们这个民族最美的花朵。爱国，是一个神圣的字眼，在历史发展的曲折过程中，我国人民历来崇尚爱国主义精神。进入21世纪，我们伟大的祖国日益繁荣昌盛，爱国主义更应该成为这个时代的最强音！爱国主义是我国各族人民团结奋斗的光辉旗帜，是推动我国社会历史前进的强大动力，而爱国教育无疑是最重要的教育!

青少年朋友们，我们作为新世纪的青少年一代，是祖国的希望，祖国的未来必将属于我们。因此，大家更要继承和发扬崇高的爱国主义精神。我们应该如何来爱国呢？有句老话：“儿不嫌母丑，狗不厌家贫。”我们要从爱自己的家，爱自己的学校，爱自己的家人，爱自己的老师做起。不管你的家现在多么贫穷或是多么不尽如人意，我们都必须尊敬父母、尊敬长辈、爱护家庭。而且我们必须热爱自己的学校，尊敬我们的老师。一个连自己的家和学校都不爱的学生，又怎么可能爱自己的国家呢？热爱祖国是一种非常具体而切近的行动。祖国为我们提供了优良的学习环境，老师为了培养青少年成才而兢兢业业，学校是我们成长的摇篮。作为新时代的青少年，我们没有理由不去热爱自己的祖国。每一位青少年都要像爱护自己的眼睛一样去维护祖国形象和荣誉，同时要珍惜时间，刻苦学习，努力拼搏，争取优异成绩，以此来回馈小家，报答大家!

爱国，是至高无上的品德、是民族的灵魂。爱家是我们做人的基本品质，爱校是我们必须具备的个人素养。亲爱的同学们，为了学校的荣誉、为了我们肩上的重任，为了中华民族的腾飞，让我们努力学习，做一个无愧于人民的具有爱国主义情怀、尊敬师长、爱家爱校、践行社会主义荣辱观的合格学生吧!

流芳百世的爱国故事

一、屈原的爱国情怀

每逢阴历五月初五，我国人民都有包粽子的习惯，南方有些地方还举行龙舟比赛，据传这都是为了纪念楚国伟大的爱国诗人屈原。

屈原（约公元前340～公元前278），名平，字灵均，战国后期思想家和诗人。当屈原20多岁时，就参与了当时战国七雄之一楚国的朝政，不久就出任楚怀王的“左徒”，仅次于宰相。楚怀王经常与他共商国是，命他起草重要文告，接待来往宾客，深得怀王信任。屈原想通过辅佐怀王来实现其统一中国的愿望，主张对内举贤任能、彰明法度，对外东联齐国、西抗强秦，让楚国强盛起来，从而实现统一中国的宏愿。但是，屈原在怀王面前的得宠和其才能却遭到了一些贵族官僚的嫉妒，他们想方设法挑拨离间，使怀王免去了屈原“左徒”的官职，改任三闾大夫，只管些鸡毛蒜皮的小事，然而忠心爱国的屈原虽遭贬，仍关心楚国的前途。当时另一个强盛的国家秦，提出秦楚两国联姻，并要楚怀王到秦会面。屈原识破了秦的阴谋，恳切劝告怀王不要到秦国去。然而，怀王不听屈原忠谏，一意孤行，一到秦国即被扣留，楚被逼割地，丧权辱国，不久楚怀王忧愤成疾，客死秦国。楚怀王死后，楚襄王继位，朝廷内的官僚们更加排挤屈原，屈原被削职流放。

在当时，有才能的人如果在本国得不到重用，其抱负不能实现，就往往周游列国，去寻找开明的君主。屈原有时也想索性离开楚国，但一想起楚国人民的灾难便打消了这个念头，他还以“狐死必首丘”（狐将死时，其头朝向生身地的小山）的典故来表明自己宁可死去也不离开祖国的爱国情操。

流放期间的屈原并没有为自己受到不公正的待遇而伤感，而是经常因楚国政治腐败和国运危殆而暗自伤神，但他并没有绝望，始终坚持自己的政治主张，决不向腐朽的势力妥协，还一直盼望楚王重新起用他来整治危亡的楚国。在20余年漫长的流亡日子里，他走遍了楚国各地，广泛地接触了大众，怀着忧国忧民之心，写下了一篇篇动人的诗章。在长达370多句的长诗《离骚》中，他尖锐地揭露了楚国腐朽的官僚们的丑恶嘴脸，表达了追求崇高理想的坚定意志和深挚的爱国主义感情。“长太息以掩涕兮，哀民生之多艰”、“路漫漫其修远兮，吾将上下而求索”成为屈原哀怜人民艰苦生活、不懈追求真理的千古绝唱。

忠臣被贬，奸臣得势，使楚国一天天衰落下去。公元前278年，秦兵攻下了楚国之都郢。消息传来，屈原不禁感慨万端，写下了悲壮的诗篇《怀沙》：“知死不可让，愿勿爱兮。”（我面前只有死路一条，为了追求真理，我绝不吝惜自己的生命）他为自己强盛祖国的伟大政治抱负终难实现，祖国的危亡终难挽回而感到绝望。

这一年的阴历五月初五，长沙附近的汨罗江畔，屈原面容憔悴，心潮起伏，这位楚国的爱国忠臣深怀忧国忧民之情，投身江中，以表达自己永远热爱祖国故土的一颗纯洁之心！当滚滚的江水吞噬掉这具伟大身躯的时候，屈原才刚过花甲之年。

楚国人民永远热爱屈原。当他们听到屈原投江的消息，纷纷划着船去抢救，但为时已晚；楚国人民又不忍心让汨罗江的鱼去吃屈原的五脏，就赶回家去包了很多美味的粽子投向河里——鱼儿吃饱了也就不会去吃屈原的尸体了。当然，这仅是传说，但这些传说不正表达了人民对屈原爱国主义情感的肯定和褒扬吗？

“屈平词赋悬日月，楚王台榭空山丘。”（屈原的诗歌像日月一样高悬天际，楚王的楼台馆阁却变成一片荒丘）两千多年过去了，屈原的崇高品格依然被人们怀念和敬仰。

二、壮怀激烈的爱国将领岳飞

岳飞（1103～1142），字鹏举，南宋著名抗金将领，中国历史上杰出的民族英雄。1125年，北方日益强大起来的女真族建立的金朝，灭辽之后，继续兵戈南指，金宋之战就此拉开了序幕。岳飞青年时代正生活在风云变幻的北宋末年，他从小练就一身好武艺并具有强烈爱国感情。1126 年，金对宋发动了大规模的战争，岳飞奋勇参战，带兵正面迎敌，斩杀金军大将，金兵措手不及，惊慌失措，纷纷溃败。

由于北宋统治集团的腐败，宋朝难以抵挡金兵的凌厉之师，1126 年（靖康元年）冬，金兵攻入北宋都城汴京（今河南省开封）。翌年春，宋徽宗、宋钦宗被金兵掳掠北去。这次金攻宋的战争，对于宋朝来说实乃“靖康之祸”，正如岳飞在《满江红》中称的“靖康耻”。北宋覆亡之后，宋徽宗第九子赵构在南京（今河南省商丘）继皇帝位，南宋建立。

南宋建立后的第二年，金又对宋进行骚扰。岳飞率精兵 500 人，直接袭击金兵屯集粮草、军械的据点。金守兵本来不多，又遭到岳飞的突然袭击，顿时大乱，被岳飞的骑兵冲得七零八落。岳飞一把火烧掉了金兵的军粮、军械。然后，岳飞又挥戈上马，向北疾驰，深入敌后 100 多公里，抵达金兵大营，乘着黑夜袭击酣睡着的金兵，放火烧掉了敌人兵营，俘虏金军的千户长。岳飞在半年多的时间内，凭其英勇机智，立下了不少战功。

南宋建立后，宋高宗同徽钦二帝一样怯懦，对日益南下的金朝铁骑畏惧如虎，听信主和派的主张，打算继续南逃。岳飞按捺不住内心的疾愤，上奏高宗，请高宗回到东京，主持北伐，这就触怒了主和派。不久，岳飞被罗织“越职言事”的罪名，革掉了秉义郎的军职。苟且偷安的宋高宗迁都到繁华的扬州。1129 年，当金兵跨过黄河，逼近扬州时，宋高宗又仓皇南逃至临安（今浙江省杭州）。

岳飞的爱国热情并没有被高宗和主和派的一盆冷水泼灭。岳飞并不计较个人的恩怨得失，当他听说河北招讨使张所正在招募义士准备反攻金兵时，立即投奔张所，被张委为“统制”。不久，岳飞率部渡过黄河，与金兵展开激战，乘胜挺进，一直深入到太行山下。后来，岳飞又投奔守卫东京的名将宗泽，转战于黄河南北，屡建战功。南宋迁至临安后，金朝军队又步步紧追，金兵在名将兀术的率领下直逼临安。岳飞闻讯，在金兵必经之地广德设下埋伏，当金兵行至广德时，遭到埋伏在那里的岳家军的重创，敌军死伤惨重。岳飞的军队又先后同金兵交锋五次，次次大获全胜，先后有上万金兵前来归附。宋高宗念岳飞抗金功勋赫赫，特地赐给他一面军旗，上绣“精忠报国”四个大字。

宋高宗偏安江南，乐不思蜀，他任用主和派的秦桧为宰相，向金求和。1138 年底，宋金签约：宋向金称臣，每年向金进贡白银 25 万两，绢 25 万匹。岳飞坚决反对议和，上书高宗：“金人不可信，和好不可恃。”这就触怒了秦桧，秦岳仇怨也就由此结起。1140 年，金宋和约墨迹未干，金将兀术便又率部进攻宋朝，岳飞乘机反攻，大败兀术“拐子马”。兀术之婿及副将都兵败阵亡，金兀术仓皇逃遁。当时在金军中流传着一句话：“撼山易，撼岳家军难。”金军闻岳家军之名就丧胆而逃。岳飞率领大军，越战越勇，正当他“待从头收拾旧山河，朝天阙”，“直捣黄龙府（金老巢，今吉林省农安），与诸君痛饮耳”时，宋高宗与秦桧等人忧心忡忡，他们害怕岳飞的行动会招致金更大规模的进攻，岳家军的壮大会构成对他们的威胁；高宗更为担心的是，一旦钦宗回朝，自己的皇位就难以保全，故而，高宗一天连下 12 道金牌，命岳飞班师回朝。岳飞愤惋泣下，连声叹道：“十年之功，废于一旦！”

岳飞被招回临安后，秦桧即以“莫须有”的罪名对他下了毒手，时年岳飞仅 39 岁。南宋自毁长城，从此之后，一蹶不振，逐渐衰弱，直至灭亡。

岳飞虽被奸臣害死，但其爱国主义精神却永留人间，其名字已深深铭刻在世代人民的心中，而秦桧则作为卖国贼永远受到世人唾骂。正如岳王庙精忠园园门两侧的一副对联所写：“青山有幸埋忠骨，白铁无辜铸佞臣。”

三、为中华之崛起而读书

1910 年春天，12 岁的周恩来随三堂伯周贻谦来到东北，这成为他一生中的第一个转折点。后来他是这样评述这次行动的意义的：“12 岁的那年，我离家去东北。这是我生活和思想转变的关键。没有这一次的离家，我的一生一定也是无所成就，和留在家里的弟兄辈一样，走向悲剧的下场。”他所说的这种转变，首先表现在他成为一个爱国主义者，开始由母亲的儿子转变成中华民族的儿子。

周恩来到东北之初，正是日本军国主义正式吞并中国的邻邦朝鲜之时。

朝鲜人民遭到的惨祸，不仅使东北人民感到震惊，而且也在少年周恩来的心灵中产生强烈的震荡。他开始对帝国主义侵略者产生深切的恨，并铭记下了同学何履祯的祖父何殿甲的期望："图自强兮在尔少年!"他懂得了国家兴亡、民族自强，每个人都负有责任。

这年他进入奉天第六高等小学堂学习。在一次上修身课时，学校魏校长问同学们："诸生为什么而读书?"同学中有的回答"为明礼而读书"，有的回答"为光耀门楣而读书"，还有的说"为帮助父母记账而读书"。

当魏校长问到周恩来时，他激动地站起来，操着很浓的淮安口音坚定地回答："为了中华之崛起!"魏校长没有料到这位江苏来的小学生能毫不犹豫地说出这样有抱负的话来，他也有些激动地称小周恩来为"有志者"，并让同学们效仿周恩来。

本来就被一些大同学称为"小蛮子"的周恩来表明了自己的爱国思想，却被有的同学说成是"愚"、"傻"。周恩来完全不顾及这些，他记住了历史教员高戈吾的话："历史上先进人物的思想主张，没有不受到讥讽打击的。但是他们不管受到什么样的讥讽打击，甚至坐牢杀头，也从未屈服动摇。"

周恩来正是从这时开始，由小家走进大家，由自我走进社会、走进民族，站到爱国主义立场上来，这是他走上革命道路的开始。他不仅是小家庭的儿子了，他成为中华民族的儿子，爱祖国、爱人民。同时，他对不合理的旧制度，对黑暗社会，对敌人充满了恨。这种鲜明的爱和恨的立场，在三年后他主办的《敬业》杂志创刊号上，更明显地表露出来。他在创刊词中写道："吾辈生于20世纪竞争之时代，生于积弱不振之中国，生于外侮日逼、自顾不暇之危急时间，安忍坐视而不救耶!""天下兴亡，匹夫有责!"

他发表的一首诗作《春日偶成》，对黑暗时政充满忧愤之情："极目青郊外，烟霾布正浓，中原方逐鹿，博浪踵相踪。"浓厚的忧国忧民意识，强烈的疾恶如仇个性，坚定的爱国爱民立场，是这位中华民族的儿子的显著特点。

四、我以我血荐轩辕

灵台无计逃神矢，风雨如磐暗故园。

寄意寒星荃不察，我以我血荐轩辕。

这首七言绝句，是鲁迅1904年9月在日本留学期间写的。当时，八国联军侵华战争刚刚结束，帝国主义的疯狂侵略和清政府的卖国行为，把中华民族进一步推进殖民地、半殖民地的深渊。鲁迅深为灾难深重的祖国命运担忧，决心东渡日本，寻求救国的真理。

鲁迅，原名周树人，字豫才。浙江绍兴人，1881年9月25日出生在一个破落的封建家庭。“鲁迅”是他1918年5月给《新青年》撰稿时开始使用的笔名。

1902年，21岁的鲁迅东渡日本留学，最初在东京弘文书院补习日语。这期间，鲁迅阅读了大量的进步书籍，思想十分活跃。在新思潮的影响下，他很快就和流亡到日本的浙江革命党人进行接触，课余经常赴会馆、跑书店，往集会、听演讲，爱国的革命思潮猛烈地拍击着他的心胸。他景仰当时著名的革命家孙中山和章太炎，积极参加反清活动。他还翻译和撰写文章，宣传科学，歌颂抵抗侵略的事迹，以服务于反帝爱国的目的。1903年，鲁迅为了表示反清革命的决心，毅然剪去自己的长辫子。

1904年4月，鲁迅从弘文书院毕业。当时的中国人就像自己的祖国一样贫穷积弱，被帝国主义列强侮蔑为“东亚病夫”。面对祖国医学的落后，年青的鲁迅有着深切的感受。他认为祖国的强盛，在于医学的发达。日本的富强是明治维新的结果，而明治维新发端于医学的进步。从此，鲁迅谋求从医学入手，为祖国人民救死扶伤，去寻找中国社会改革的途径。

鲁迅在仙台医专学习医学，由于他学习认真，刻苦努力，深得他的老师藤野先生的称赞。但当时一些受日本军国主义毒害的日本学生，不断地对鲁迅进行侮辱和挑衅，对鲁迅在学习上取得的成绩，他们诬蔑鲁迅在考试中作弊。那些日本学生，把中国留学生视为“低能儿”，是不可能取得好成绩的。这使鲁迅深受刺激。他认为，这不仅是对他个人的欺侮，而且是对自己祖国和民族的侮辱！这对于具有强烈爱国思想和民族自尊心的鲁迅，心情是何等的痛苦！

然而，对鲁迅刺激更大的，是在1905年，以至影响到鲁迅的毕生命运。那年秋天，学校增添了细菌学课程。一次上细菌课后放映纪录片，内容是宣传日本军国主义的所谓战绩。影片中有这样一组镜头，一群日军抓住一个中国人，说他当了俄国人的侦探，接着把他枪杀了，而周围观看叫好的竟是一群中国人。当时，看这部影片的只有鲁迅一个是中国人。看完电影之后，大家拍手欢呼。而这影片、这掌声都深深刺痛了鲁迅，使他数月内吃不好饭，睡不好觉，为此曾独自一人走进深山放声悲歌。他在苦苦思索：为什么那些中国人对自己的同胞被杀害却无动于衷？他终于醒悟到："医学并非一件紧要事，凡是愚弱的国民，即使体格如何健全，如何茁壮，也只能作毫无意义的示众材料和看客，……第一要着，是在改变他们的精神。"从此，鲁迅毅然放弃医学，选择文学，走文学创作的道路，从精神上医治衰败的祖国。

1906年春天，鲁迅告别了他所尊敬的藤野先生，离开日本，回到祖国，开始了新的人生旅程。他用一支锋利的笔，坚韧地解剖着愚弱的国民的心灵，猛烈地毫不妥协地与封建主义、帝国主义进行着斗争，终于以他那辉煌的功绩，成为我国"五四"以来无产阶级文化战线上的一面光辉的旗帜。

1917年俄国爆发了十月革命。鲁迅以十分喜悦的心情"看到了新世纪的曙光"。这时，他积极参加正在发展的新文化运动，并在《新青年》杂志上发表了许多篇文章。1918年5月，鲁迅发表了中国现代文学史上第一篇反封建的白话小说《狂人日记》，猛烈地揭露和抨击了封建礼教和封建道德，为新文化运动奠定了基石。后来，鲁迅又创作和发表了《阿Q正传》、《估〈学衡〉》、《彷徨》、《孔乙己》、《药》、《祝福》等一系列优秀小说和具有极高艺术性和战斗性的杂文。

1927年前后，鲁迅开始接受马克思主义，并在党的影响下，成长为一名坚强的革命斗士。他在跟太阳社、创造社关于"革命文学"的论争中学习马克思主义，他认为"马克思主义是最明快的哲学，许多以前认为很纠缠不清的问题，用马克思主义的观点一看，就明白了"。

1935年，中国工农红军长征到达陕北后，鲁迅以极大的热情通过史沫特莱拍电报给中共中央，他说："在你们身上，寄托着人类和中国的将来。"他向中共中央表示祝贺和敬意。

1936年4月，党中央派冯雪峰前往上海，看望病中的鲁迅先生。鲁迅坚决拥护中共中央关于抗日民族统一战线政策，表示无条件地加入抗日民族统一战线，并提出了"民族革命战争"的大众文学的口号。

鲁迅先生的一生，不愧是"代表全民族的大多数，向着敌人冲锋陷阵的最正确、最勇敢、最坚决、最忠实、最热忱的空前的民族英雄"。

五、张自忠为抗日殉国

1940年4月，日军集中30万兵力向湖北的随县、枣阳地区进犯。此时张自忠已担任第三十三集团军总司令兼第五战区右翼兵团司令，率部驻守襄河西岸。面对敌强我弱的严峻形势，张自忠抱定为国牺牲之决心。5月1日，他亲笔谕告所部各将领："看最近之情况，敌人或要再来碰一下钉子，只要敌来犯，兄即到河东与弟等共同去牺牲。国家到了如此地步，除我等为其死，毫无其他办法。更相信，只要我等能本此决心，我们国家及五千年历史之民族，决不至于亡于区区三岛倭寇之手。为国家民族死之决心，海不枯，石不烂，决不半点改变。愿与诸弟共勉之。"

经过第五战区官兵英勇奋战，日军向南撤退。为了重创敌人，张自忠部奉命出兵截击敌人。张自忠作为集团军总司令，本可不必亲自率领部队出兵作战，但他不顾众人的劝阻，决定由副总司令冯治安负责襄河西岸的防务，自己率总司令部直属特务营和2个团于5月7日渡过襄河，会同东岸的第五十九军3个师向枣阳进发。

从5月8日与敌交火后，张自忠率领部队几乎天天都在与日军作战。战至15日，张自忠身边只有2000余人了，而敌人又以万余人的兵力猛攻。张自忠等饥疲交加，一面嚼着豆子，一面与数倍于己的日军作战。他虽严令援兵速赶前线参战，无奈路途遥远，难有成效。当天，张自忠接到第五战区司令长官部命令，要他率部向钟祥敌后攻击。张自忠当夜率疲惫之师出发，沿途每经一村庄都与敌发生一场战斗。

张自忠

16日晨，部队开抵南瓜店附近，日军大队人马前来围攻。张自忠令骑兵从左翼出击，绕袭敌后，随即亲自带领手枪营一连卫兵前往杏儿山督战。杏儿山守军见到总司令，兴奋异常，更加奋勇作战。中午，张自忠左臂负伤，他让人包了下伤口，仍沉着指挥作战。午后，敌人的攻势更猛，副官劝张自忠往东北的山脚下移一移，他坚决不肯，说："我奉命截击敌人，决不能叫敌人给打退了。"危急关头，张自忠把自己的卫队全部调上前沿增援。下午2点，指挥部周围的阵地已全被敌人占领。突然，张自忠一跃而起，向敌人阵地猛冲，不幸腹部连中5弹，向前扑倒在地。他挣扎着想站起来，但晃了晃，又倒下去。他强忍疼痛，从口袋里掏出纸笔，向战区司令长官部写了最后一次报告。

张自忠将写好的报告交给正在为他裹伤的副官马孝堂，握着他的手，含笑对他说："我对国家、对民族、对长官，良心都平安了。"说完，用力把马孝堂推下山坡，躲开了冲上来的日军。

几个日本兵冲上山坡，端着枪，直逼倒在地上的张自忠。猛然间，张自忠抓住日本兵的枪头，一跃站了起来，可是，身后的日兵却举起了罪恶的刺刀……

日军占领了山头，一名少佐来到张自忠的遗体前，看了看张的肩章，伸手抽出了张的钢笔，见上面刻有"张自忠"三个字，不禁倒退了几步。他仔细地端详着这位满脸血泥的汉子，"啪"地一个立正，恭恭敬敬地对着张自忠的遗体行了个军礼。接着叫人找来担架，将遗体抬下山，放进一座土庙里。又在张自忠倒下的地方，竖了块木牌，上写"支那大将军张自忠"几个字。

第五战区及国民政府得知张自忠殉国，立刻严令战区右翼部队不惜代价夺回尸体。右翼各部即与日军展开争尸战斗，经两昼夜激战，终于在方家集夺得遗骸。

忠骸夺回之后，暂放宜城祭悼3天，尔后经宜昌转运重庆。一路上，成千上万的人们路祭英灵，甚至冒着日军的空袭举行公祭。5月28日，灵柩运抵重庆。蒋介石亲率文武百官接灵，随后举行了隆重的国葬，将忠骸葬于北碚梅花山，冯玉祥亲书墓碑。

张自忠虽然牺牲了，但他仍然活在部下的心里。他们悲愤地高唱着复仇之歌："海有枯，石有烂，死也忘不了南瓜店！"三十三集团军士兵手册上写道："是谁杀了总司令？此仇不报不是人！"深切的怀念和强烈的仇恨交织为杀敌的力量。1941年1月，张自忠旧部在当阳地区奋力出击，将枣宜战役中率军围攻张总司令的魁首横山武秀少将击毙，为张自忠报了仇。

作为一位民族英雄，张自忠不仅为旧部官兵所怀念，更为全国人民所敬仰。全国许多省市先后举行了追悼和公祭仪式，并以"自忠"命名中小学校、图书馆、轮船等，一些城市命名了"张自忠路"。湖北境内修建了张自忠殉国纪念碑、衣冠冢、张公祠，命名了"自忠县"、"荩忱渠"，筹办了《自忠日报》。

张自忠将军为了中华民族的尊严，抱定必死决心，奋勇杀敌，取义成仁，成为中华民族史上的一代英雄，正如周恩来所说："张上将是一方面的统帅，他的殉国，影响之大，决非他人可比。……其忠义之志，壮烈之气，直可以为我国抗战军人之魂！"

奉献的品质

勇于奉献的品质

奉献是一种大爱，是对自己所做的事情不求回报的品质和全身心付出的品质。就个人而言，就是要在这种品质的召唤和驱动之下，把本职工作当成一项事业来热爱和完成，从点点滴滴中寻找乐趣；努力完成好每一件事，认真友善地对待每一个人，全心全意为人民服务，这样就能够把奉献精神诠释得淋漓尽致。

敬业与奉献是密不可分的，做好自己的本职工作是奉献的基础。每一位劳动者，无论在什么行业，无论干什么工作，无论能力大小，只要爱岗敬业，奋发进取，干一行，爱一行，就可以在本职岗位上施展才华，作出贡献，实现自己的人生价值。人人都履行职责，无私奉献，是实现中华民族伟大复兴的巨大精神力量。每个人不论分工如何、能力大小，都能够在本职岗位上，通过不同的形式为国家和人民作奉献。作为共产党员，我们必须把共产主义作为奋斗终生的事业，奉献出自己的全部心血、汗水甚至生命。实现人生的价值，并不一定要做出轰轰烈烈的大事，在做好自己本职工作的同时，去做一些对社会有益的事情，其实也是一种快乐的奉献。

奉献的故事

一、萧何奉献自己为民谏君过

汉高祖刘邦推翻秦王朝，建立汉朝后，便逐渐开始追求起享乐来。一天，他命令手下人在京城长安附近强行圈了一大片山川土地，不许百姓在这片土地上种地，而把它变为专供自己打猎取乐的场所，还给它起了个美名叫“上林苑”。

刘邦这样做，很不得人心。当时的百姓经过多年战乱，生活非常窘迫，土地对人民来说，相当重要。可由于人们畏惧皇帝的权势，对此事，谁也不敢吱一声。这时，丞相萧何考虑再三，便上书汉高祖，指出：“长安附近可耕的土地已经很少了，陛下开辟‘上林’，使京城土地更紧张，希望陛下能体察民情，把‘上林’大片空地赐给无地耕种的百姓。”

萧何像

高祖看了这封上书后，十分恼火，他派人把萧何找来。一见萧何的面，便气哼哼地说：“你明明知道‘上林’是专供我打猎用的，为什么有意让我难堪，让我把它腾出来给百姓耕种。我看，你一定是受了什么人的贿赂，才说出这样的话。”

萧何据理力争，他从土地谈到民心，从民心谈到天下，希望刘邦能从汉天下大处着眼，把“上林”腾出来。刘邦见萧何没有丝毫服软的表示，依然让自己交出“上林”，更加气恼，便和萧何争辩起来，并在一怒之下，命人当即把萧何抓起来，并送到廷尉处治罪。

大臣王卫尉觉得高祖刘邦这样做太过分了，他挺身而出，为萧何争辩，责问高祖道："萧丞相如今身在牢狱，请问陛下，他到底犯了什么罪？"

汉高祖见王卫尉这样问自己，没好气地说："萧何为人过于狂妄。我听说，当年李斯辅佐秦王，处处总是替君主想，有了功劳，也都归于君主。可萧何受了人家的贿赂，为了讨好老百姓，竟要我把'上林'让出来给百姓种地，我就凭这个让他下牢，我还要治他的罪呢！"

"陛下，臣认为您这样待萧丞相不公道！"王卫尉听了高祖的话，情绪激动地说。

"怎么不公道？"高祖很不满地问道。

"陛下，臣认为，您说丞相接受了人家的财物，到底有什么根据？从前，陛下东征西战，萧丞相在关中发展生产，使关中变得十分富足。在那种情况下，丞相没有干过一件为自己牟私利的事，现在陛下怎么能毫无根据地就随便说萧丞相受了人家的财物呢？陛下好好想一想，丞相让陛下腾出'上林'，这是不是替国家考虑？百姓有田种了，国家才能安宁。国家安宁了，陛下您的统治才能稳固。丞相坚持办有益于民的事，陛下本应加以褒奖，为什么要治他的罪呢？"王卫尉越说越激动，他一口气向高祖提出了一连串问题。刘邦越听越觉得理亏，他虽然心里还是很不高兴，可王卫尉的话说完了半天，他也没想出一句反驳的话。最后，他一生气，转身回宫去了。

这天夜晚，刘邦一夜没合眼，他反复想着白天发生的事。王卫尉的话，像一根根针，刺痛着他的心。冷静想来，王卫尉的话虽然有些刺耳，但还是有道理的，自己对萧何的确做得太过分了。但那天自己和萧何争得很厉害，现在突然放了他，岂不是等于认输？这太失面子了。想到这，他又犹豫起来。不过最后，他还是决定放了萧何。他觉得，一个明智的国君，应该是做错了事就有勇气改，不能怕丢了面子，而误了天下大事。于是，第二天一早，他就派人释放了萧何。

萧何被释放后，刘邦亲自接见他，悔恨交加地向萧何赔礼道："丞相为民请命，是国家的贤相。我不仅不为民着想，反而随心所欲无端抓了你。

我这是在做昏君桀、纣的糊涂事啊！我要好好反省自己，并要让天下的百姓都知道我的过失。”

萧何见皇帝能知错改过，并亲自向自己赔礼，十分感动，以后对高祖更加钦佩了。正是有了萧何这种奉献的精神，敢于直言，百姓才能安居乐业。

二、关心百姓的中书令

南北朝时期，北魏有一个五朝元老，历任要职达50多年而一生清廉，他就是高允。

高允（390～487），字伯恭。北魏时渤海蓨县（今河北景县）人。

高允少年丧父，跟爷爷生活，使他很早就成熟了。爷爷死时他才10多岁，便将家中遗产全部推给二弟，自己出家做了和尚，不久又回来在家读书。他爱好文献经典，经常担着行李书籍不远千里访师求学，结果成了一位精通经史、天文、术学的博学之士。他在家以教授为业，学生前后达千人之多。

有一年，魏太武帝之舅阳平王杜超任征南大将军，镇守在邺县（今河北省临漳县北）。他早就闻知高允的贤名，一到任便征高允任从事中郎，做自己的幕僚。当时各州监狱的囚犯很多，都未判决，杜超便奏请高允与中郎吕熙等人分往各州，处理积压的案件。结果，吕熙等人都因接受贿赂徇私枉法而获罪，只有高允一人以清廉公正受到奖励。不久，他便归家教授生徒。

第二年，朝廷征召他入京，拜为中书博士，升为侍郎。

高允任著作郎后，魏太武帝与他谈论刑政方面的事，因见解高深而得到太武帝的赏识。有一次，太武帝问：“我日理万机，政务很是纷繁，应该以哪一样为先？”当时有许多禁封良田，京城里无业游民甚众。高允就借机回答说：“臣从小卑贱，所懂的只有农事，请允许臣就从农事谈起。古人说，方一里则为田三顷七十亩，方百里则为田三万七千顷。若鼓励农夫种好地，则每田可增产三斗粮食；不鼓励，则每亩会减产三斗。方百里的面积增减的粟大约有二百二十二万斛，天下那样大，增产或减产的数字就更惊人了。如果公私都有储备，即使遇到饥荒年，又有什么可忧呢？”太武帝听了后，觉得很有道理，于是下令废除田禁，将皇家和官僚侵占的田地全部还给农民。

文成帝即位后，一些拍马逢迎的大臣劝文成帝大修宫室。高允听到后极力劝阻。他说，现有宫室足够朝会、居住和临望之用，修建的宫室，为了好看，也须慢慢计划，不能仓促动工。他给文成帝算了一笔账：若要动工，计伐运木材的军民需两万人，各种杂役及做饭的合计四万人，约需半年才能完工。最后他说：“古人有言：‘一夫不耕，或受其饥，一妇不织，或受其寒。’何况要使数万人停耕停织，这个损失不是太大了吗！”文成帝采纳了他的意见，没有再修宫室。

高允做了27年的郎官。当时朝廷不给百官发俸禄，由百官向地方征收各种费用，很多官吏趁机横征暴敛。高允却不肯向地方索取能满足基本生活需要之外的东西，他一直让几个儿子上山砍柴卖钱自给。由于高允清廉，没有礼品向上司进奉，所以27年没有升迁。而和高允同时应征的人，大多做到通官，封了侯；就是原来做过他部下的100多人，也都官到刺史、郡守。

文成帝是一位有见识的君主，他看中了高允的人品和才干，在一次朝会中对众大臣们说：“像高允这样的人才是真正的忠臣。我有是非之处，他总是当面直言，就是我不愿意听的事，他也侃侃论说，无所顾虑。我听到别人说他的不是，而天下之人却不知道他向君王的劝谏，这难道不是忠吗？你们这些文官经常在我左右，没有听到你们说过一句劝谏的话，只知道奉迎我，说我喜欢听的话，以便求得升官。你们这些武将以刀马功夫侍候我，只是立劳罢了，而官位却高至公、王。高允执笔匡正我的过失，至今才不过是个著作郎。你们这些文武大臣难道不惭愧吗！”于是，文成帝拜高允为中书令。

当文成帝宣布提升高允为中书令后，朝臣中有一名叫司徒陆丽的人向前奏道：“高允虽然承蒙皇上厚爱而给以这样高的职权，但他家境很贫困，连一件丝绸衣服都没有，妻子儿女生活艰苦得几乎不能自立。”文成帝听后生气地责备说：“为什么不早说？现在看到我重用他，才来说他贫困的情形。”当天，文成帝亲自到高允家去察看，只见茅屋几间，床上放的是布被，布袍中衬的是乱麻旧絮；再看厨房里，只放着一点腌菜。文成帝看了后很感慨地说：“古人的清贫难道还有能同这种情况相比的吗！”回去后立即赐给高允帛五百匹、粮食一千斛。

高允这种奉献、忘我的精神值得我们后人去学习和借鉴。

三、范仲淹爱国奉献

“先天下之忧而忧，后天下之乐而乐。”这是北宋政治家、文学家范仲淹的座右铭，也是他一生忧国忧民，曲折奋斗的写照。

他做官后，忧国忧民，时时刻刻为黎民百姓着想。在他监泰州西溪盐仓的第二年，突然海潮爆发，淹没了无数土地和村庄。他立即给发运副使张纶写了一封长信，建议在沿海一带重新修筑捍海堰。朝廷批准了他的建议，并任命他主持这项工程。范仲淹立即察看地形，规划道路，统率十几万人的筑堰大军，浩浩荡荡地开进了筑堰工地。

但是，正在工程顺利进展的时候，一场暴雨，海潮又发，不仅冲毁了已经筑好的海堰，还吞噬了100多个民工的生命。偏偏在这个节骨眼上，又发生了日食。霎时谣言四起，说是范仲淹激怒了海龙王。对修筑海堰，朝廷动摇了。范仲淹力排众议，再三陈述筑堰的好处。经过一番曲折斗争，一支声势更加浩大的筑堰大军投入了紧张的战斗。在范仲淹和张纶的指挥下，经过一年多的修建，一条长达200多里的捍海大堰巍然挺立在东海岸边，保护人民生命财产的安全。

范仲淹像

有一年，江、淮、京东一带遭受了严重的旱蝗灾害，报灾的文书雪片般飞向朝廷。范仲淹立即向朝廷写了一份奏章，建议朝廷派官员前去赈灾。

奏章呈上了很长时间，但朝廷无人问津。而在皇宫里边，仍然是朝朝暮暮地摆酒宴，丝竹歌妓唱太平。范仲淹愤怒极了，冒死面谏皇帝。他问仁宗：“陛下在宫中要是半天不吃喝，这是什么滋味？眼下灾民遍野，口中无食，怎能置之不理，不加抚恤？”不久，宋仁宗就派他到江淮一带赈济灾民。他急赴江淮，每到一处，就命令官府开仓放粮，还动员豪门富户献出囤积的粮食救济难民，拯救了万千灾民的生命，深得人民的拥戴。返回时，他还特意把灾民们吃的那种有毒的乌昧草带回朝廷，让满朝官员和后妃贵戚们亲眼目睹，好让他们体恤百姓，提倡俭省。

范仲淹毕生节俭，即使当了参知政事（副宰相）仍不吃两样荤菜的饭，还常常把钱拿来周济穷人，致使子侄辈只能轮流换穿好一点的衣服出门。儿子娶妻时，听说儿媳想以罗绮为帐幔，他非常生气地说：“谁敢这样做，我一定要在院子里把它烧掉！”直到晚年，他仍然保持着这种高贵的品质。他在杭州做官时，子弟们主张到洛阳为他营建一座华丽的宅第，范仲淹说：“一个人假若有了道义之乐，即使赤身露体地躺在漫天野地，心里也是高兴的。建造宅第的事，你们永远不要再提了。”

公元1052年5月，范仲淹不幸病逝。对他的去世，“四方闻者，皆为叹息”。他不仅为后代留下了以天下为己任的高风亮节，也留下了大量的文学瑰宝。范仲淹的奉献精神是我们学习的榜样。

四、张伯行誓不取民分文

清朝康熙雍正年间，张伯行（1652～1725）任官20余年，“操守极清”，从不贪图享受，从不因公肥私，始终过着简朴而清寒的生活。

在担任福建巡抚时，一上任，张伯行见到衙署中帷幕皆为锦绣，所用器皿多为金银，奇怪地问属吏是怎么回事。属吏回答说：“行户协备，往例如此。”张伯行说：“行户即百姓，怎能拖累他们呢？况且寒素对我已成习惯，无需此奢华。”于是下令全部撤去。

按照往常的惯例，福建巡抚名下有自己支配的俸禄50名额，江苏巡抚名下有80名额，均为前任给自己家丁支用。张伯行担任上述职务后，不因此肥己，他说：“我家丁无几，又庄农不暗弓马，何可冒靡国饷。”于是，全部另外招募壮丁补之。

张伯行十分痛恨行贿、馈、赠等腐朽风气。他在调任江苏按察使时，按惯例，新任官要馈送总督、巡抚币礼，约合银四千两。对此腐败现象，张伯行严加拒绝。他说："我为官，誓不取民一钱，安能办此！"他任江苏巡抚后，即发布檄文，严禁属员馈送，并明确指出："一黍一铢，尽民脂膏。宽一份，民即受一分之赐，要一文，身即受一文之污。虽日交际之常，于礼不废；试思仪文之具，此物何来？本都院既冰蘖盟心，各司道亦激扬同志；务期苞苴永杜，庶几风化日隆。"

在20多年的宦海生涯中，张伯行以居官清正名闻于朝野，老百姓称誉他为"天下第一清官"。张伯行去世后，雍正帝取"为官清正，恪勤供职"之意，赐谥"清恪"。张伯行这种奉献自己，造福百姓的精神会永远流传下去并被发扬光大。

五、林则徐封仓救灾

清朝道光四年（1824年），林则徐任江苏按察使。

半个多月来，天天大雨。林则徐站在窗前，双眉紧锁。

他想，这雨要再不停，涝灾将使农民颗粒不收。老天啊，你若有眼，就停一停吧！停一停吧！

老天并不因林则徐忧心如焚而转晴停雨，不但不停，反而越下越大。

又是几天的阴雨。

尽管林则徐想尽办法，开渠挖沟，排水除涝，但仍然面临着大面积的灾荒。

逃荒的人成群结队，不断有人饿死病死在荒郊野外。

林则徐换上便服，来到乡间察看灾情。之后，又到城镇了解粮食价格。

在一家存米不多的粮店，林则徐询问老板："你的米多少钱一斗？"

老板满脸愁容，说："每斗700文。"

林则徐惊叹道："怎么涨到这个价格，比灾前竟涨了一倍！"

老板诉苦说："没有办法！即使涨价，也无法解决米荒。我店无有存货，卖完也就得关门了。"

林则徐打量打量粮店，问："这里有什么秘密?"

老板叹了口气，说："财主囤粮，百姓遭殃啊!"

说到此处，老板不再讲了。林则徐点了点头，听出老板话中有话，心里已有了新的谋划。

林则徐回到衙门，立即行文，发布官府告示："连日阴雨，造成灾害。荒民遍地，已无生路。米行要即时粜米，以平市价。殷绅富户，存积米粮，亦需乘时出粜，不许观望迁延。"

告示贴出以后，百姓生机有望，纷纷高呼："林青天知民之心!""林大人救了我们啊!"

林则徐多方了解，终于探知一位名叫潘世恩的富家囤粮万石，不肯救济灾民。

这潘家的主人潘世恩，是朝廷大员，在京师做官，正在家为父亲守孝。

林则徐为了解救灾民苦难，不顾个人劳累，亲自来到潘世恩家，动员潘家开仓粜米，赈济饥民。

潘世恩傲慢地说："林大人亲自登门来劝，本应给大人一个面子，可本官并非那种随便赏人脸面的人。实话相告，我家没有粮食去赈济饥民。"

林则徐心中虽然愤怒，但忍了又忍，问："大人说贵府没有米?"

潘世恩点头说："对，没有可以赈济别人之米。"

林则徐又苦劝道："潘大人三思，若能救救灾民，当是功德无量之事。还望潘大人发济世之心。"

潘世恩冷冷一笑，说："本官心有余，力不足呀!"

"真的?"

"真的!"

"潘大人家里那众多粮仓——"

没等林则徐说完，潘世恩就连连说："那些粮仓都——都是——都是空的。"

"空的?"

"空的。"

潘世恩不敢用硬的办法，因为如若林则徐向朝廷告他一状，他也怕皇上怪罪，所以就声言粮仓是空的。林则徐虽官居按察使，但料他没有胆量搜查朝廷命官。

林则徐沉思一下，心中早已有了主意。他不慌不忙，但又软中有硬，说："空的？哈哈，那太好了！"

潘世恩丈二和尚，摸不着头脑，吃惊地望着林则徐。

林则徐大声接着说："既然潘大人的粮仓是空的，那本官就暂时借用一下。"

潘世恩措手不及，反问："借用？"

林则徐站起身，态度坚决地说："对，借用一下！"

说罢，他立即命令手下人将潘世恩家的粮仓全部贴上封条，派人看守。

潘世恩追悔莫及，恨透了林则徐，却又无可奈何。

过了一天，林则徐开仓放米，赈济饥民。

林则徐为百姓智斗权富，威名大振。

六、心怀百姓为民奉献的朱德军长

1928年夏天，朱德军长带领红二十八团，来到离井冈山革命根据地较远的碧洲村。

把部队安顿下来之后，朱军长就到群众中间去调查访问。这一天，他忽然发现对面山上的密林里有烟火，便问老乡："那山上有人？烧火做什么？"

群众告诉朱军长，由于国民党反动派对井冈山根据地实行军事"围剿"和经济封锁，把老百姓搞得吃没吃，穿没穿，不少人逃难到山上，搭个茅棚，在那里烧炭，靠卖炭糊口。

第二天，朱军长带着警卫员爬上了对面的高山，去看望烧炭的人家。来到一所简陋的茅棚前，朱军长敲门："有人吗？"

好久，好久，没人答话。

"老乡，不要害怕，我们是红军啊！"朱军长又说。

"啊，红军？"茅棚里有人说话了。

过了一会儿，茅棚的门打开了，走出来一位拄着竹杖的老人。他，60

开外，衣裳褴褛，两只混浊的眼睛里还闪着怀疑的目光。

“你们真是红军？”

“没错，我们真是红军。”朱军长和蔼地回答说。

“啊！……”老人刚刚叹了一声，忽然“扑通”一声跌倒在地上。

朱军长和警卫员急忙上前去把老人家搀扶起来，仔细一看，只见他脸色蜡黄蜡黄的，便问道：“老人家，您怎么啦！是有病么？”

老人摇摇头，说：“不！不！我不是有病，是身上没劲呢。”说着，就在一张破竹椅上坐下来，拉着朱军长的手说：“红军同志，你们不知道哇！国民党反动派这帮家伙狠毒得很哩。他们明抢暗夺，搞得我们家家户户像水洗过的一样，揭不开锅。实在没法子，才不得不逃到这山上来烧炭度日。这还不算，更恶毒的是他们还搞什么封锁，不许运盐。谁要贩盐，抓住就砍脑壳。你想啊，没有盐吃，身上哪来的劲儿？不瞒你说，我老头子已经6个多月没有尝过盐味了。”

朱　德

朱军长听了老人的诉说，心里好难过啊。他想了一下，立刻告诉警卫员：“你马上下山，到军需处去领些硝盐来。”

“这可不行，不行啊！”老人连连摆手说，“我知道，你们红军也缺盐呢。我们当老百姓的，苦就苦点，没啥。可你们红军要行军、要打仗啊，身上没劲儿怎么行？”

朱军长朝警卫员摆了一下头，打发警卫员下山去了。回头又对老人说：“老人家，您放心，我们红军有盐吃。敌人不许运盐，我们自己会熬硝盐呢。您把老房基和锅灶里的土弄一些来，用水泡开，而后把水滤出来，放在锅里一熬，就能熬出硝盐来。这种盐，吃着有点苦，可总比没有强啊。”

警卫员的腿脚真快，不一会儿，就拿着一包硝盐回来了。朱军长接过盐，转交给老人，说：“先凑合着吃吧。以后，等我们打了胜仗，弄到了盐，一定给您老人家再送一些来。”

老人手捧硝盐，激动得浑身直哆嗦，眼泪汪汪地说：“够了，够了，都这么多了，不要再送了！”

朱军长站起来，向老人告别说：“我们还要出发去打仗，时间紧。等有空了，我们再来看望您老人家。”

老人满含热泪，目送朱军长下了山。

十几天以后，朱军长的警卫员又来到了这所茅棚，轻轻地敲响了老人的门。老人又惊又喜，问道：“你这么快就又回来了？”

警卫员顺手递过来一个大纸包，说：“老人家，朱军长派我给您送些盐来。”

老人接过这一大包食盐，十分感动。但他怀疑是不是自己的耳朵听错了，反问警卫员：“这盐，你说是朱军长派你送来的？”

“是啊。”

“是红四军的朱德军长么？”

“对，是他。”

“他怎么会认识我这个老头子呢？我没见过他呀？”

“当然认识您。那一天，不是他带我一起来看望您老人家的吗？您还和他说了半天话呢，怎么，忘啦？”

“哎哟，他就是朱军长？你怎么不早告诉我，让我好好看看我们穷人的大救星！”说到这里，老人又深情地抚摸着那一大包食盐，嘴里轻轻地叨叨着：“朱军长，你带那么多的兵，管那么大的事，还把我一个老头子缺盐的小事挂在心上。你真是和人民心连心啊！”朱德这种心怀百姓，奉献国家的精神，是我们的楷模。

负责的品质

勇于负责的品质

中国自古推崇气节、操守、责任、良心，提倡做人立世，讲求对自己的人生负责。古人讲“修身、齐家、治国、平天下”，把修身做人摆在人生第一位。再如“太上有三不朽”——立德、立功、立言，也把做人看作是人生的根本大事。作为中华民族智慧化身的知识分子，历来就有忧国忧民、刚健自强、经世治国的优良品质。孔子誉之为“士志于道”。历史上从曾参的“士不可以不宏毅”，到李膺的“欲以天下名教是非为己任”；从陈蕃的“澄天下之志”，到顾炎武的“天下兴亡，匹夫有责”，都可以看到那种“为天地立心，为生民立命，为往圣继绝学，为万世开太平”的风骨精神和人格力量，其对国家民族和对自己人生负责的精神脉络清晰可见，且历千年而不绝。负责任，是我们常常会提起的一个名词。我们不仅要对自己负责，还要对家庭负责，也要对他人负责，对集体负责，更应该对社会负责。特别作为青少年，所肩负的建设伟大祖国的责任既神圣又重大，更应该树立正确的责任观。首先人是作为个体而存在的，一个对自己不负责的人，根本无力承担其他责任。所以，把对自己的责任置于人生之首，无可非议。所谓对自己负责，就是要对自己的言行举止，对自己所做的决定以及产生的后果，对自己的生命负责。有了强烈的责任感才可以让我们产生不达目的绝不罢休的决心，以及克服困难、百折不挠的毅力，最后冲破自己所谓的“极限”，克服很多意想不到的困难。刚入学的时候，对我们来说一切都是陌生的，无论是在生活上还是在学习上，但是对自己负责的责任感让我们努力地去适应、去学习。对自己负责，同时也是在对家庭、他人，集体、社会负责。所以我们要敢于对自己负责。古往今来，凡有大成者，都是勇于承认自己所犯下的错误，敢于对自己，对他人，对社会负责的人。周恩来的“ 为中华崛起而读书 ” 这就是一个伟大政治家给自己压下的重担，在他看来是一种责任，一种对当时社会的一种义不容辞的责任。正是有了敢于对自己，对他人，对社会负责的人，我们青少年才有今天的幸福生活。

负责任的美德故事

一、为民负责的西门豹

西门豹，是战国初期的魏国人。当时的魏国国君魏文侯重用了三个出类拔萃的人物治理国家：一个是相国、法学家李悝，一个是大将、军事家吴起，再一个就是政治家西门豹。这三个人帮助魏文侯在政治和经济方面进行了一系列改革。他们奖励耕战，兴修水利，训练军队，使魏国很快地富强起来。

魏国的邺县，是一个最难治理的地区。那里的漳河水常常泛滥成灾，老百姓极端贫困，连年发生大量逃亡的现象，国家的税收也不能完成。于是，魏文侯决定派西门豹去做邺县令，希望他能把邺县迅速治理好。

西门豹接受任命后，立即走马赴任。进了邺县的县境，一路上看到的尽是田园荒芜，村庄破败的凄凉景象。到了县城以后，他发现县城里也是人口稀少、死气沉沉。邺县怎么会穷困破败到这种地步？用什么办法才能把这块地方治理好呢？西门豹开始了深入的调查研究工作。

思想开明，经验丰富，才干超群的西门豹为了摸清邺县贫困的原因，并不去找那些对他卑躬屈膝的官吏和富豪。因为他深知这些人并不穷，也根本不会把邺县穷的原因如实地告诉他。他专门请了一些城里和乡下的老年人来座谈，自己还亲自到乡下去实地考察。经过一段时间的调查，西门豹了解到，漳河水常常泛滥，确实给邺县人民造成了巨大的苦难。但是，还有一件比漳河泛滥更可怕的灾难，那就是为漳河的河神娶媳妇。原来，邺县地区很久以来有一个非常愚昧和野蛮的乡俗：每年都要在漳河汛期快到的时候，选一个美貌的姑娘投入河中，送给河神做老婆。当地人把河神称为河伯，说是如果不能按时给河伯娶妻，漳河水就会淹没整个邺县地区。那些掌握邺县大权的三老、廷椽等官吏，不但不组织百姓治理水患，反而和县里的祝巫们勾结在一起，利用这个吃人的弊俗，趁机搜刮钱财，残害乡民。年复一年，邺县的人口越来越少，荒地越来越多，百姓越来越穷。

三老、廷椽和祝巫们怎样为河伯娶媳妇呢？乡民们告诉西门豹：每到漳河汛期快来的时候，县里的那个大巫婆就派她的徒弟们四处去查看小户人家的女孩子，看到哪个长得漂亮，不管你愿意不愿意，就派人送来一星半点的“聘礼”，把姑娘拉走。他们先给拉去的女孩子洗头洗澡，说是“沐浴”；再把女孩子关进一个单独的房子里，让她吃素菜淡饭，说是“斋戒”；然后，他们就在漳河边上搭起大棚子，说是“斋宫”。“斋宫”的四周挂起大红的绸帐子。“斋宫”布置好了以后，他们给女孩子穿上好几层用绸缎和绉纱缝制的新嫁衣，送到“斋宫”去等着“送亲”。到了“送亲”那一天，县里的官吏带着士兵，大巫婆带着徒弟以及县里的其他头面人物都要到场。漳河边上，“斋宫”周围彩旗招展、鼓乐齐鸣，杀牛备酒，十分热闹。他们早就做好了一张床，床上铺设得非常华丽，还挂起彩色的帐子，叫梳妆整齐的女孩子坐在这张床上，再把这张床放进河流之中。开始这张床在河中顺水漂流，漂上一段路程就渐渐地沉下去了。他们就说是河伯把新媳妇接走了。年年如此，每次都要折腾10多天。邺县家里有适龄女孩子的和出不起钱粮的穷家小户，纷纷携妻带女逃亡他乡。

西门豹还特别查实了每年借口为河伯娶媳妇加上官租官税，全县百姓上交的钱物有几百万。“河伯娶妻”还用不了1/10，余下的都被官吏、乡绅和祝巫们私吞了。

怎样处理这些害民贼？如何铲除这个野蛮的乡俗呢？简单地宣布一下禁止给河伯娶媳妇不是好办法，那样做，邺县的地方豪强会造谣生事，长期习惯于这种乡俗的百姓也不一定拥护。要想永远废止这种野蛮的弊俗，必须让百姓们认识到河伯娶媳妇，完全是那些害民贼设下的大骗局。西门豹想出了一个“以其人之道还治其人之身”的绝妙办法。他宣布要亲自参加今年河伯娶媳妇的活动。他还要求全县的头面人物和军民百姓都去参加。消息一传开，县里的一伙害民贼高兴极了。他们企图借新任行政长官的势力，把这件事办得更大，以便今后从中捞取更多的钱财，于是就大肆张罗为河伯娶妻的各种准备工作。

一年一度给河伯娶妻的日子，转眼又到了。这一年的这一天，由于新任县令要光临，更是热闹非凡。漳河边上人山人海，“斋宫”周围彩旗飘飘，鼓乐喧天。“斋宫”边上还特意为新县令搭起了一座看台。三老、廷椽等官员和地方上的名门大户们都在台边恭候。最兴奋的，还是那个主持“送亲”仪式的老巫婆了。已经是70多岁的人了，还涂脂抹粉，穿红挂绿地逞精神。她身后站着10多个女徒弟，也都穿着绸缎缝制的长衫。

当西门豹带着士兵们来到河边时，官吏和祝巫们都赶上前去躬身施礼。只见这位笑吟吟的长官十分高兴地说：“快把河伯的新媳妇请来，让我们看看好不好！”话刚落音，就有人从“斋宫”把一个哭哭啼啼的女孩子扶出来。西门豹打量了这个十五六岁的“新娘”一下，就回过头去，对跟在自己身后的一伙官吏、祝巫们说：“这个女孩子相貌不太好，又哭哭啼啼的，送去了，河伯也不会满意的。要送就送一个好的。我看，重选一个，后天给河伯送去吧！”那伙跟在他身后的坏家伙一听这话，丈二和尚摸不着头脑——猜不透西门豹的真实用意是什么，一时全愣了神，不知该如何答对。这时，西门豹又命令把女孩子的父母叫过来，说：“你们的女儿不合适，领回去吧。我们另选。”正在啼哭的女孩子不哭了，赶紧躲到父母亲的身后，怯生生地望着周围的卫士。女孩子的父母千恩万谢地领着女儿离去了。这时候，河边上的鼓不敲了，锣不响了，成千上万的人都屏住呼吸，紧张地等着新县令的下一步棋。只听到西门豹大声地对那个呆若木鸡的老巫婆说道：“今天不能送亲了，应当去禀告河伯一下，你的法术最高明，就劳驾你去河伯那里走一趟吧！”说完，还没等老巫婆清醒过来，西门豹就命令几个卫士把她举起来，“扑通”一声扔到河里去了。这个举动，把在场的人都吓了一大跳。一时，大河边上寂静得只能听到漳河中的流水声。西门豹却是面向大河，躬着腰，一副恭候河伯回音的样子。

过了一阵儿，西门豹直起身来，对身后的卫士说："老巫年纪大了，说不清情况，派她的大弟子去催一催吧！"卫士们就把老巫婆的大徒弟——一个中年女巫扔到了河里。又过了一阵儿，西门豹说："怎么回事，还没有回话？再派个人去催！"卫士们又把一个年轻的女巫投到河中。西门豹呢，还是冲着大河躬身等着。等了一会儿，他再次转过身来，大声说道："老巫和她的徒弟都是些女流之辈，办不好事情，这次就请三老亲自去辛苦一趟吧！"一声令下，卫士们揪住那个爬在地下拼命求饶的三老，不由分说把他扔到了河里。这时，那些平日借河伯娶妻压榨乡民的官吏和豪绅，早已吓得魂飞魄散，抖成一团了。可是，西门豹还是那样神情肃穆，对着大河，躬着腰等待着回音。又过了好一会儿，他转过身来说："这个三老也是个办不了事的，是不是请官吏和大户们各选一个能办事的再去看看呢？"那些家伙一个个只顾趴在地上磕头，碰得脑门子都流出了血。西门豹笑了笑说："好吧，你们先起来，暂且再等一会儿吧。"那些家伙没有一个肯起来的，还是一个劲地磕头不止。这时，西门豹再也忍不住了，终于放声大笑起来。他边笑边说："好，好，好！诸位请起来吧！看样子河伯是把客人都留下了，再去也不顶事，那就以后再说吧。"

自打那次以后，邺县境内再也没人敢提为河伯娶妻的事了。

二、李冰修筑都江堰

素有"天府之国"之称的成都平原西北部、四川灌县附近，有一座两千多年前兴修的大型水利工程——都江堰。它位于岷江中游，设计和施工方法，具有高度的科学性和创造性。整个工程由分水堰、飞沙堰和宝瓶口三个骨干工程组成，兼备防洪、灌溉、航运三种作用。全工程总计有分支河流520多条，分堰220多道，渠道总长1100多公里，灌溉面积300多万亩，从而使原来水旱灾害频繁的成都平原成为"水旱从人，不知饥馑"，"百姓飨其利"的富饶地区。这个巨大工程的设计者和施工的组织者是我国战国时期杰出的水利工程学家李冰。

李冰的生卒年月和身世，已不可考。大约在秦昭王五十一年（公元前256年），他被任为蜀郡守，和儿子二郎积极了解民情水情，沿岷江两岸实地进行考察，掌握了第一手资料，制定了治理岷江的规划方案。

岷江发源于四川北部的岷山，沿江两岸，山高谷深，水流湍急，进入灌县以后地势平坦，浩浩荡荡的江水，每每冲决堤岸，泛滥成灾。特别是从上游挟带而来的泥沙，终年累月淤积在这里，更加剧了水患。李冰接受了群众的建议，决定在灌县西南的玉垒山上开个大口子，引一股江水到东边去，这样到了发大水的时候，西边的洪水就小了，东边引来的水又可浇地。工程开始后，李冰带领上万名农民和工匠，开山凿石，和困难作斗争。但因山石坚硬，工程进度缓慢。有人出了一个主意，先在岩石上凿些沟槽，放上柴草，再架满树枝，木柴，点火燃烧，使岩石爆裂，从而加快了工程进度，终于在玉垒山上凿开20多米的口门，叫“宝瓶口”，被凿开的玉垒山的右端，形状如大石堆，称为“离堆”。

李冰父子像

接着，李冰又带领群众在岷江中，堆石建筑分水堰。开始他们用石头、泥土构筑堤堰，但接连都被洪水冲垮而失败了。李冰毫不灰心气馁，他一次又一次地克服困难，召集大家开动脑筋想办法，最后从当地妇女把衣服放在竹篓里泡在水中不被冲走的做法得到启发。李冰叫人用竹子编成竹笼，里面装满鹅卵石，最大的有三丈长，三四尺粗，把竹笼相互连接起来，再一层一层沉入江中，战胜了急流的江水，垒成一道大石堰，筑成了分水大堰。因为大堰前端形状似鱼头，所以叫“分水鱼嘴”。分水鱼嘴以下垒砌了坚固的护堤金刚堤，分内外两堤。鱼嘴和金刚堤将汹涌而来的江水剖分为两股。堤西的一股为外江，是岷江的正流；堤东的一股为内江，流经宝瓶口，是灌溉渠系的总干渠，然后分别流入走马河、蒲阳河和柏条河等，组成一个纵横交错的扇形水网，灌溉成都平原的千里农田，最后归入沱江。

为了控制流入宝瓶口的水量，李冰独具匠心地设计和修建了从金刚堤的南端至灌县离堆的一条长200米的“飞沙堰”。它是内江的溢洪工程，堰顶保持适当的高度，略低于堤岸。这样，当内江水位高时，洪水就可漫过堰顶自行排入外江，保证内江系统的灌溉、舟楫之利，防止水患灾害的发生。同时，李冰还在宝瓶口，“作三石人立之水中”，作为观察水位的标尺，要求“竭不至足，盛不没肩”，形成了一套科学的治水管水的办法。

为了使都江堰这座工程为人民造福，千秋万代地发挥它的应有效益，李冰还规定了一年一新的岁修，即掏滩。他作石犀马埋于江底。每年掏滩，有一定深度，触到石马，就符合要求了。岁修的办法是：每年水量小的霜降季节，在鱼嘴西侧，用一种可挡住水流而又不致渗漏的马槎在外江截流，使岷江全部流入内河内江，这时全力淘掘外江及其灌溉系统淤积的泥沙；到第二年立春前后，又把马槎移到内江，让江水流入外江，然后再淘掘内江河槽，进行飞沙堰的岁修工程。

除此以外，李冰还在他任蜀郡守期间，疏导沱江洛水，引水出紫岩山灌溉资中一带稻田，导沫水及大渡河口，整理水道，便利航行；凿盐井，开陂池，修建桥梁，为促进四川的农业生产建设，把成都平原建成为沃野千里的富饶之乡，作出了重大的贡献。

李冰兴修都江堰水利工程，倾注了自己毕生的心血，造福人民，泽及成都平原的千家万户。这个工程在古时都安县境内，所以称“都安堰”，宋、元以后改称“都江堰”。据史载，李冰知识十分渊博，通晓天文地理。都江堰工程，规模宏大，地点适宜，布局合理，施工简易，制定的建设和维修办法，为历代工程学家所重视。正因为如此，都江堰水利工程经历了两千多年，并且经过历代的维修整治，效益得到进一步的发挥，今日的都江堰共能浇灌27个县、市的700多万亩土地。当你去游都江堰，你会抚今思昔。在那依山而建的祠庙——二王庙的石壁上，镌刻着“深淘滩，低作堰”六个苍劲醒目的大字，那是李冰当年的治水信条和经验总结。拾级而上，登上观澜亭，俯瞰都江堰，自北而来的岷江，有一个竹索桥横跨其上，滚滚的江水被那似半岛形的分水鱼嘴从中分开，一分为二，滔滔而去。沿内江行至灌县南门外的离堆，山势险峻，古建筑的飞檐凌空而起，其下是宝瓶口。每至夏季，水流湍急，惊涛怒吼，山摇地动，人们站立其上，环顾四外的壮观景色，惊异我国古代先民的卓识智慧和伟大的创造力，更深切感念，景慕与都江堰千古并存的李冰的不朽劳绩！李冰这种对本职工作负责，为后人负责的品质值得后人借鉴和学习。

三、苏轼为官负责治理杭州

宋哲宗元祐四年（公元1089年）四月，苏轼被授予龙图阁学士衔，到杭州府任地方长官。

这一年，苏轼54岁。

3年前，苏轼被哲宗皇帝召为京师，为翰林学士知制诰、兼任皇帝的侍读，太后和哲宗皇帝都特别看重他。苏轼生来性格坦诚，议论朝政直抒己见，不会看脸色行事那一套，行事不因袭陈规陋习，又不拉帮结派。渐渐地，受到许多当道的大官僚的忌恨。当时朝廷里新旧党争闹得十分厉害，新党得势，不问是非曲直，一概排斥旧党。如今旧党得势，做法和新党一样，以牙还牙。苏轼素有报国安民的志向，不愿投靠任何一方，在无聊的人事倾轧中白耗费精力才智，他便向哲宗请求，外放到杭州府做地方官，终于得到批准。

来到杭州，苏轼心情格外舒畅。他36岁时因为议论变法的失当之处，得罪新党，被外放到杭州府任通判。18年过去了，杭州风物依旧，自己却已经两鬓斑白。不过，这次是任知府，可以放手为当地父老乡亲干几件实事，实现自己造福百姓的夙愿。

不久，杭州府遇上了百年未遇的干旱。田地龟裂，禾苗枯黄；饥民遍野，瘟疫肆虐。苏轼立即报告朝廷，请求将杭州府上缴的粮食免去1/3。哲宗不仅同意了，而且赐米救济饥民。

朝廷发下来的救灾物资毕竟有限，苏轼便下令减价出售仓库里贮存的粮食。

当时得瘟疫暴死的人很多，苏轼焦虑万分。他把杭州城的郎中召集起来，派遣下属官吏带领他们分赴各地治疗灾民的疾病，减少了死亡的人数。

两个月过去了，杭州府百姓的生活渐渐安定下来。

可是，向来达观、喜好游览的苏轼，足不出户，成天为一件事犯愁，他想：百姓遇到灾荒，依靠政府的救济还可以勉强度日；瘟疫一蔓延，人们却无能为力。杭州一带行医的人分散，又到处流动，百姓平时看病很困难。遇到非常情况，患者得不到及时的治疗，只有坐以待毙……

“必须找出一个便民的办法！”苏轼暗自下定决心。

不久，杭州府百姓中传送着这样一个消息：“城里建起了‘病坊’，坊里的郎中常年应诊。”从此，百姓治病有了固定的诊所，许多疾病得到及时的治疗，也利于防止瘟疫的蔓延。

过了一段时间，人们才知道，建立“病坊”是苏轼的主意，为了筹集建立“病坊”的资金，苏轼还将自己积蓄的50两黄金捐献了出来。

杭州城靠近海边，食用的地下水咸苦。唐代李泌引西湖水作“六井”，才解决了市民的用水问题。后来，白居易在杭州任职，又开渠引西湖水灌溉农田，农业年年丰收，人民富足。但是，西湖里生长一种葑（fèng）草，容易积聚泥沙，所以西湖每年都必须疏浚治理。

宋朝以来，湖中的葑草丛生，积为葑田，湖水面积越来越小。这样，灌溉农田的渠水只好取之于钱塘江。江水夹杂的淤泥很多，漕渠三年就要清淘一次，工程量很大，成为百姓的沉重负担。“六井”的水源改用江水后，也因为泥沙太多，几乎废弃，居民饮水、用水极不方便。水问题成为宋朝历任杭州知府很少过问治理的事务，问题越来越严重，老百姓怨声载道。

苏轼了解到杭州百姓的这些疾苦后，决定在自己任职期间对西湖、漕渠、六井进行彻底的整治。

一连20多天，苏轼带着下属踏勘西湖、六井、漕渠、钱塘江，找当地老人调查情况，请教治理的方法。于是，苏轼信心十足地开始实施治理计划了。

冬天来临了，苏轼登上城郊的高地，指挥民工开通新的漕渠：将茅山一河专通钱塘江，将盐桥一河专通西湖。以便漕运和农田灌溉。

一个月之后，苏轼又下令治理西湖：绕西湖造堰堤，修涵闸，使西湖湖水能蓄能泄，免除百姓清淘湖泥的负担。将湖中的葑田堆积起来，筑成南北长达15里的长堤，堤上夹道种植杨柳，既解决了葑田之患，湖区的交通也因此便利起来。为了根治湖中的葑草，苏轼还推广种菱，种菱的收益用作以后修湖的基金。

最后整修淘清城区的“六井”，仍然引西湖的水作为饮用水。

经过整治的杭州，西湖恢复了她特有的魅力，漕运交通、农田灌溉、居民用水都有了保障。杭州府政通人和，百姓安居乐业。

老百姓感激苏轼，爱戴苏轼，家家都张挂他的画像，还为他建立生祠，歌功颂德。

苏轼在杭州做了3年的知府，为杭州人民办了许多兴利除害的好事，至今还有许多关于苏轼的故事在民间流传。杭州人民为了永远纪念他，就将西湖的长堤命名为“苏公堤”。

四、况钟整饬苏州府

山川秀丽、人物昌盛的苏州历来是个好地方，但是在明朝宣德初年，苏州府却是个让朝廷伤透了脑筋的地方。这个府的赋税额比任何一府都多，可是贪官污吏作恶多端，使得人民生活困苦，被迫大量逃亡，欠交的税粮越积越多。朝廷决定从中央选派一位廉洁干练的官员出任苏州知府，经内阁大学士杨士奇等人推荐，正在礼部供职、一向以贤劳著称的况钟被选中了。临行前，皇帝发给况钟一份敕书，放宽他的职权，允许他相机处理问题，凡公差官员有违法害民者，即逮捕解京。有了这一尚方宝剑，况钟对治理好苏州充满信心，马上便离京赴任了。

一路上，况钟就在琢磨：好端端一个苏州搞成这样，问题丛生，我去了，应该从何入手呢？想来想去，他决心先整顿吏治，拿贪赃枉法的奸吏开刀。

况钟过去做过县吏，深知地方豪绅猾吏弄奸作恶的伎俩和勾当，这些人沆瀣一气，欺上瞒下，不好对付。为了彻底掌握情况，他上任后，有意不宣布皇帝的敕书，并且假装糊涂，表面上对那些阿谀逢迎的属下吏员虚与周旋；询问捧着案卷请他批示公事的府吏，案卷该怎么办理，并照他们说的办法，一一照批。这样一来，属吏们以为这个新任知府糊涂易欺，高兴极了。一些特别坏的家伙，更是乘机上下其手，甚至背后对他糊弄揶（yé）揄。他佯装不知道，故意容忍，而暗地里却眼观四方，私行察访，调查那些奸吏的罪行。

过了一个多月，况钟摸清了情况。一天，他突然把属下官吏全部叫来，把学官子弟和地方耆老们也请来，当众宣读敕书，其中有“属员人等作奸害民，尔即提问解京”，“僚属不法，径自拿问”等语。

敕书刚一读毕，况钟见众人都很吃惊，面面相觑，便从队伍中叫出一个胥吏，大声问道：“某某人，你那一天办事，受了多少贿赂，对不对？”

又叫出第二个人，厉声责问道：“某某人，你那一天到什么地方去，勒索某人钱财，有没有此事？”

被叱问的贪官污吏们个个做贼心虚，心怀鬼胎，大都不敢申辩。有个别人支吾其词，企图搪塞过去。况钟大怒，立即下令几个身强力壮的差役，把这个抵赖的恶吏当堂捶死。这样，一连处死了几个舞文弄法、欺上瞒下、作恶多端的胥吏，并把尸体放在街上示众。这一下，“一府大震”，官吏们都有所收敛和警惕。

紧接着，况钟又雷厉风行地惩办了苏州府所属七县中11名查有实据、情节严重的贪官污吏，其中包括昆山县知县任豫。又把长洲知县汪士铭等十几个饱食终日，不认真办事，疲沓庸懦的官吏革了职。第二年，又奏免了年老无能的治农官徐亮等人，奏请吏部另派干练有为的官吏前来接替。

苏州府所属县的圩田（四周筑堤以防外水流入的低洼田），有圩长、圩老九千余人，这些人大多是恶霸、地头蛇，经常在地方上生事害民。况钟看到设置圩长、圩老是害多利少，便不顾一些上司的反对，发布《革除圩老示》，坚决把他们罢免了。

对于那些虽不直接归他管辖，但驻防在苏州府境内的作恶军官和朝廷派出的宦官，他也不畏强暴，敢于打击。

苏州沿江沿海驻有一些军队，那里的官兵中有些不法分子，常常借巡察河道为名，有的持械劫掠，危害商旅；有的贩卖私盐，投机牟利；还有的打家劫舍，骚扰百姓。这些人为非作歹，干了坏事，气焰还很嚣张。过去，百姓是敢怒不敢言，谁也不敢惹。况钟来后，只要发现这类事情，便将干坏事的将卒一一捉拿，解京去办。

明朝皇帝为了采办宫廷需要的服饰、玩好等物，向各地派出很多内官太监。当时，苏州除派有主办织造的太监外，还有采办蟋蟀、禽鸟、花木的太监，人称“黄佬佬”（因内官着黄色冠服）。这些人借采办上贡用品，在苏州横行不法，肆意勒索。假使不能满足他们的欲望，就打人出气，府县的佐吏常常遭他们捆打，连知府也免不了要受斥责。有一次，竟把一名官员捆起来丢在河里，又一气鞭打了五六十名中小官吏。所以不但老百姓见了怕，地方官也见了怕。

宦官中有一个名叫来福的，更是坏得出奇，经常以打人骂人取乐。一天，来福把吴县主簿（知县的佐助）吴清捉了去，况钟听说后马上赶去查问。他看见来福正拿着粗棍子毒打吴清，一边打还一边叫骂着：“看你还敢不敢怠慢我！”

况钟大步上前抓住来福的双手，愤怒地责问：“你怎么能打我属下的主簿？他是朝廷的命官，要办很多事，难道县里的事都不要办，只干你一头的事么？”

来福理屈辞穷，一时答不出话来，只好勉强认错。事后，况钟下令属官，见了太监不许下跪，也不许送礼。在况钟任职苏州府的10余年中，太监和地方将卒不敢公然猖狂为非，老百姓免受了不少祸害。

经过况钟的一再整顿，官吏和老百姓都能奉职守法。甚至上级和外省官吏逗留或路过苏州，也多加小心，谨慎行事，害怕被况钟缉拿法办，苏州府的吏治比过去清明了。当时，苏州府的老百姓都称况钟是“况青天”。

五、对百姓负责的郑板桥

郑板桥是清朝康熙年间的秀才，雍正年间的举人，乾隆年间才考中了进士，才有了做官的资格。但官额有限，郑板桥等了四五年，才补缺做了个七品县官。这时，他已经50岁了。

乾隆七年（公元1742年）春天，郑板桥来到山东南部的范县（今山东省范县西南）当县令。

郑板桥像

郑板桥青年时代就有治国安邦的志向，几十年来受尽科举制度的折磨，为的是要把修身、齐家、治国、平天下的儒家思想付诸现实。虽然50岁才当上小小的七品县官，但也是治理一邦的父母官。他想效法历史上的名臣，真正为老百姓办些实事，实现自己多年来的政治抱负。

范县是个偏僻的小县，全县不过10万人口。郑板桥上任后，以“为政清廉”自励。他外出巡察，作派与一般官僚不一样：不坐大轿，不带衙吏，不搞扰民的鸣锣开道。

他喜欢微服私访民情，到集市上逛一逛，在茶馆里坐一坐，在田边地头看一看，是他的习惯。他从中了解到老百姓心里想些什么，他们需要什么，对他治理范县很有帮助，使他发布的政令能想老百姓所想，急老百姓所急，很受老百姓的欢迎。

郑板桥治理范县勤政廉洁，投诉案件从不积压，断案公道，下属官吏从不扰民，豪绅不敢称霸乡里。县境内，百姓安居乐业，风俗淳朴，道不拾遗，夜不闭户。百姓对这位县官十分敬重，每到一处，男女老少都争着迎上前去拉他到家里，和他叙家常。郑板桥从心里感受到做一名清官的乐趣。

郑板桥在范县的政绩远近闻名，5年之后，他被调到山东潍县做县令。

潍县是一个中等商业城市，当时有“小苏州”之称。因为潍县是个富县，什么知府、巡抚、钦差大臣便不时地到这里来敲敲县官的竹杠。县官心里也明白，上司在我这里敲去，我就加倍地从老百姓身上刮回来，既巴结了上司，留个后路，又可以找出名目为自己捞钱财。

郑板桥在上任之前已经知道潍县的县令难当，要保住乌纱帽，就得折腰媚上，敲诈老百姓；要做清官，为民造福，伸张正义，随时可能丢掉乌纱帽。但是，他未做官时就痛恨官吏贪赃枉法，现在自己当了官，就要与世俗的恶势力抗争，决不同流合污！

一上任，他就向县衙的官吏宣布："不准贪赃枉法，鱼肉百姓，违者严加查处，决不留情。"前任县令留下了不少积案，大多是因为富商豪绅买通官吏而迟迟未作处置造成的。郑板桥只用了一个月的时间，就将积案一一判明，惩治了一些平日横暴乡里的恶霸，罚款的罚款，坐牢的坐牢。老百姓都拍手称快，交口称颂郑板桥刚正清廉，明察秋毫。

可是，富商豪绅们又气又恼。以前，初来乍到的县官，从来是先拜望县里的大财主、大富商，而这位郑大人偏偏不理会这些规矩，还将积案一一裁决，好像是有意折灭他们的威风。可是，他们一时还摸不清郑板桥的底细，又抓不到郑板桥的任何把柄。豪绅富商一合计，决定下帖子宴请郑板桥，在宴席上拉拢收买郑板桥。

郑板桥收到请帖，爽快地答应去赴宴。

赴宴那天，郑板桥迟迟才出县衙。他忽然摆起威风，坐上大轿，带上全班衙吏捕快，鸣锣开道，慢慢悠悠地来到设宴的富商家。沿途围观的百姓，把富商家的大门口堵了个水泄不通。

郑板桥慢吞吞地走下轿，刚一站定，只见全县的富商豪绅都正分列阶下迎候，郑板桥一一寒暄之后，走上台阶，却没有进门，突然转过身来，大声说："各位且等一下！今天我不是为赴宴而来，只是想借各位相聚的机会，向诸位约法三章：本官不赴私人宴会；不收受钱财之礼；若有谁贪赃枉法，假公徇私，欺压乡民者，本官将严惩不贷……"

一席话，使富商们个个目瞪口呆，在场的百姓高兴得欢呼起来。

郑板桥说完这番话，从容地上了轿，打道回府。

从这以后，有权有势的人不敢为非作歹，地痞无赖不敢无理取闹，县城监牢里都空了，没有犯人在押。

有一年，胶东一带闹天灾，潍县也受了灾。县里的富商趁机囤积粮食，抬高价格，乘人之危发不义之财。一时人心惶惶，卖儿卖女，背井离乡。郑板桥看到一幕幕悲惨的景象，写下了《逃荒行》，表达了对民间疾苦的同情。他看见百姓处在水深火热之中，感到责任重大，一面如实向上司呈报灾情，请求赈济；一面就地查封大投机商的粮仓，然后责令囤积粮食的富户按县衙规定的价格出售粮食。郑板桥采取了以工代赈的办法，把饥民组织起来修筑城池、疏浚河渠，加固堤防，由县衙按工发粮食，于是，饥民有工做，有饭吃。这样的措施，救济的灾民数量毕竟有限，对那些老弱病残者，郑板桥命令富户在各自的住所开设粥厂，每天供应二餐粥。郑板桥还捐出自己的官俸，免费供应妇女和儿童的食品。

种种措施，终于止住了外逃的人流，保住了劳动人口，使许多家庭免遭不幸，使灾情大减，人心安定下来。然后，他又风尘仆仆地到处奔波，督促乡民抗旱，组织恢复生产。不久，天降大雨，乡民欢呼雀跃，生产自救的劲头更足了。

灾荒过去了，百姓更加敬重郑板桥，爱戴这位父母官。

郑板桥在潍县做了长达 7 年的县令，7 年中，他心里时常想着百姓的疾苦，为他们的忧而忧，为他们的乐而乐。他在潍县任上写过这样一首诗：

衙斋卧听萧萧竹，
疑是民间疾苦声。
些小吾曹州县吏，
一枝一叶总关情。

在封建社会，像郑板桥这样清廉刚正、认真负责地为老百姓办实事而不媚上压下的官吏，不仅少，而且难以受到重用，尽管郑板桥当了 12 年的县令，政绩显著，腐败的上司却视而不见，还时常找他的麻烦。郑板桥渐渐看透了官场的腐朽。在他 61 岁那年（乾隆十八年，公元 1753 年），他因年荒请求朝廷赈济灾民触怒了上司，被解职回乡。

郑板桥秋天被解职，老百姓有说不尽的惋惜，有的设宴饯行，有的求画求诗，你接过来，我接过去。郑板桥也留恋与他相处了多年的乡亲和朋友。这样，一直拖延到第二年春天才离开潍县。

离开潍县那一天，几乎是倾城相送。郑板桥非常感动，眼前这盛大的欢送场面，不就是对他小小七品县官的最公正的评价吗？

直到今天，郑板桥做过官的地方，还流传着不少关于他的美好传说。

六、治军负责的冯玉祥

冯玉祥将军在治军中，十分重视以身作则，身教重于言教，关心士兵和下级军官，对中上层军官特别严厉。有一回，冯将军召集全军将士训话，部队在大操场上检阅完毕，他开始讲话，时间过去一个多小时了，十八军军长郭歼才赶到会场，对此冯玉祥十分气恼。

他继续讲了一会儿话，接着就把话题转到了谴责迟到的话题上：“……迟到，是特别恶劣的坏习气。今天我们这儿也有迟到的。为什么要迟到？军人起码的素质在哪里？是不是不愿意听我冯玉祥讲话？不愿听，可以回去。我还不高兴让你听呢……”

冯玉祥是个直性子人，说话不太会转弯儿，这次虽然转了两转，也瞒不过在场近万名官兵的耳朵。谁不知道，他这是在呵斥十八军的大军长啊！

冯玉祥

郭歼的脸红一阵，白一阵，脑门上渗出了虚汗。在士兵面前如此丢脸，尽管是十分难堪的事，他也得装出一副驯顺的样子。对军事指挥，他虽然懂得不很多，但对军阶的知识，他倒是相当精通的。在冯玉祥将军面前，不得不如此呵！他还是副委员长啊！

冯玉祥将军身为上将，毫无官气，每次部队操练，总是亲临现场，监督指导。因此其他高级将领也不敢有丝毫的懈怠。冯玉祥本人还喜欢以身作则，与士兵同吃、同住、同操练，影响全军。他在严格军纪和训练士兵方面有独特的办法，这就是他自己订下的七条程序：

1. 我做给你看；

2. 你做给我看；

3. 讲评；

4. 我再做给你看：

5. 你再做给我看；

6. 讲评；

7. 你再做。

按照这七条要求，治军和练兵的时候，军官必须处处身体力行才能收到成效。冯玉祥就这样严肃认真，一丝不苟，和士兵待在野外，帮助士兵训练。有一天，冯玉祥指挥部队演习河川战斗，攻守两方隔着一条河，展开激烈的“攻守战斗”。战幕拉开之后，攻击一方指挥果断，动作凶猛，很快冲到了河边。面对冰冷彻骨的河水，士兵们没有片刻犹豫，奋不顾身地跃入水流之中，扑向对岸。

士兵的果敢行为，强烈地感染了冯玉祥，他顾不得和随从们打声招呼，就扑通一声，跳到了河里。

这时，张之江、郭歼、肖之楚、方天、王修身五位军长已经说说笑笑地迈上了一座小桥。见此情景，大惊失色地叫了起来：“副委员长，不能下水呀！”

“总司令，水太冷，下不得呀！”

听到喊声，冯玉祥用力甩过身子，像炸雷似的喊出了声：“士兵不怕冷，我们怕，难道我们的狗命比士兵们值钱？……”像火山爆发一样，冯玉祥满腔的怒火一齐出了胸膛。他恨恨地咬着牙根，冷冷地瞪着眼睛，呼哧呼哧地喘着粗气。要不是中间有段距离隔着，他的拳头很可能早就挥过来了。

桥上的5位军长被骂得愣住了。谁也没敢再吱声，灰溜溜地转过身子，走下小桥，跟在冯玉祥将军的身后，一个接一个地迈进了河水中。

无私的品质

刚正无私的品质

发扬无私的精神必须解决好世界观、人生观、价值观问题。我们要加强马克思主义理论学习，用毛泽东思想、邓小平理论和“三个代表”重要思想武装头脑，坚持改造客观世界和主观世界的统一，树立辩证唯物主义的世界观和为共产主义而奋斗的人生观。先进模范人物之所以先进，很重要的一条，就是他们把党和人民的利益看得高于一切，而把个人的名利、地位、待遇看得很淡。作为中国人，要正确对待名利、地位，讲奉献不讲索取，问耕耘不问报偿，有高尚的情操。有很多反面典型事例证明，贪求物欲的人为了地位、金钱，机关用尽，编织一张张名利网，利欲熏心，迷失了本性，从何谈起无私奉献？那些只为了个人私利，以权谋私、巧取豪夺、违法乱纪、贪污腐化的败类，只会受到人民群众的唾弃，成为千古罪人。倡导无私奉献精神，讲求无私奉献，关键是要处理好个人与社会、个人与集体的关系，坚持奉献精神和利益原则的统一。共产党员，特别是党员领导干部要做发扬无私奉献精神的表率。必须正确处理个人同社会的关系，尤其是当个人利益同国家利益和集体利益发生矛盾冲突的时候，要自觉坚持人民利益第一，坚持奉献第一，以个人利益无条件地服从集体和国家利益，直至完全奉献出个人利益乃至生命。这就是所谓无私奉献，顾名思义，内含奉送敬献之意，与“贡献”属于同义词。无私奉献指的是奉献者本人出于一种理想信念的驱动，对于他人、组织或社会，甘愿作出无回报的劳动投入或者物质赠送行为。它是一种真诚自愿的付出行为，是一种纯洁高尚的精神境界。有人把这个境界分为“小我”、“大我”、“忘我”三个层次。“小我”者，利己也，只顾自己而不顾集体；“大我”者，热衷于为社会作贡献，但缺乏献身精神；只有“忘我”者，才能像一滴水溶化在大海里一样，这就是我们所说的无私奉献。

为人称道的无私故事

一、不为一己之私的孙叔敖

孙叔敖，原是楚国的一位居家未仕的处士，后由楚国的令尹虞丘推荐给楚庄王，3 个月后即接替虞丘做了令尹。许多故亲好友听说孙叔敖做了如此高官，便纷纷到府祝贺。当时，有个粗衣白冠的老人对他说：“凡是身贵而骄横的人，人民就会唾弃他；官高而弄权的人，国君就会厌恶他；禄厚而贪婪的人，同僚就会回避他。”孙叔敖闻听此言，忙趋前作揖，请求赐教。那位老人接着说道：“地位愈高，越要谦逊待人；官职愈大，越要谨慎小心；俸禄愈多，越要廉洁自爱。你如果牢记住这样三条，就足以能够治理好楚国了。”此后孙叔敖恪守老人教诲，励精图治。他辅佐楚庄王整顿内政，强化军队；开凿芍陂，灌田万顷；施行教化，劝导人民。经过几年的艰苦努力，楚国便呈现一派“上下和合，世俗盛美，政缓禁止，吏无奸邪，盗贼不起”的繁荣祥和

孙叔敖像

景象。尽管孙叔敖位极人臣，但是，他在生活上却是十分俭朴，常乘柴车牝马出行，常以粝饼菜羹为食。他死后，没有留下任何遗产，他的儿子仍靠进山打柴维持生活。为此，乐官优孟曾扮装成孙叔敖生前模样给楚庄王敬酒，楚庄王惊异万分，以为是孙叔敖复活了，就想请他做楚相。优孟连忙推辞说："楚相实在不值得做，像孙叔敖那样忠廉效国，使楚国得以成就霸业，可他身故之后，他的儿子却无立锥之地，以负薪为生。若让我做楚相，还不如去自杀！"于是，慷慨高歌："住在山里耕田真辛苦，难以获得食物。出来做官，贪污卑鄙有余财，而不顾耻辱。想要死后家室富足，只怕是受赃枉法、作奸犯科获大罪，落得个家灭人亡。贪吏怎么可以做呢？想到做个清廉吏，奉公守法，至死不敢为非作歹。清官又怎么可以做呢？君不见楚国令尹孙叔敖，一生操守廉直，如今妻儿打柴为生。清官实在不能做呀！"楚庄王听罢优孟言词辛辣的歌唱，羞愧难挨，再三谢过。不久，楚庄王就召见了孙叔敖之子，把他封在寝丘（今属河南固始县境）。

二、正直无私的于谦

于谦是明朝著名的民族英雄，他自小就有远大的志向。小时候，他的祖父收藏了一幅文天祥的画像。于谦十分钦佩文天祥，把那幅画像挂在书桌边，并且题上词，表示一定要向文天祥学习。长大以后，他考中进士，做了几任地方官，严格执法，廉洁奉公。

明宣宗（朱瞻基）宣德五年（1430年）九月，宣宗皇帝亲笔点名破格提拔以廉洁、干练闻名于当时的监察御使于谦为梁（河南）、晋（山西）巡抚。于谦作为封建王朝地区性的一名最高行政长官，对自己要求甚严，无论出巡还是进京，总是轻骑简从，从不摆封疆大吏的威风。

宣德十年（1435年）正月，明宣宗卒，太子朱祁镇即位，是为英宗皇帝，时年方9岁。由此开始了宦官王振弄权的年代。王振凭着英宗对他的宠信，在朝中作威作福，贪赃枉法，卖官鬻爵，培植党羽，陷害忠良，真是无恶不作。一时间，朝中百官和各地军政官吏献媚邀宠，争着给他送金银、献财宝。据史书记载，当时的官员送白银100两，才能被王振接见一次，送白银1000两，才能巴结到王振家里吃一顿饭。可是，于谦根本不理会这一套，他每次进京办事或述职，从来不带任何礼物送给王振和朝中其他权贵。为此，一些好心的人常常劝告于谦说：“你不肯巴结那些弄权小人，当然是对的，可是也不能太刻板，不入时随俗呀！地方长官带些土特产送人，也是人之常情嘛！你从河南、山西带点线香、蘑菇、包头用的手帕之类的小东西也行啊！”

每逢这种场合，于谦总是风趣地扬起两只宽大的袍袖说：“我呀，只带着两袖清风去看望他们。”

当时，他还写了一首绝句：

手帕蘑菇及线香，
本资民用反为殃。
清风两袖朝天去，
免得闾阎说短长。

其意思是说，手帕、蘑菇之类的民间土特产，本来是老百姓的生活用品，反而给他们带来了灾难，我就是要空着两只大袖子去朝见天子，也免得街头巷尾的人们，在背后指着我的脊梁骨说长道短。于谦的刚直清廉受到了朝野的钦佩，特别是深受河南、山西两省人民的拥戴。

于谦是中国历史上的一位伟大的民族英雄。明英宗正统十四年（1449年）土木堡之变后，于谦从兵部侍郎升任兵部尚书，拥立景帝，反对南迁，并调集重兵，在北京城外大败瓦剌军。这个故事表现了他刚直不阿，廉洁奉公的良好品德。他的这种优良品德，在当时的封建社会里实在难能可贵。今天，我们也提倡廉洁奉公，反对贪赃受贿，虽然其内容和目的与于谦所处的时代不能同日而语，但是于谦的那种“两袖清风”及其刚直不阿的精神和作风，却是值得借鉴和提倡的。

三、晋文公执法无私

公元前634年，春秋时代晋国君王晋文公率兵攻占曹国的都城后，立即清点曹国的文武官员，该捉拿的捉拿，当法办的法办。可是检点过300多名官吏，也没有见到当年他出逃这里时，给他送吃的、送璧玉的僖负羁。于是，他派人四处察访，才得知僖负羁因建议与晋和好，被曹国君王曹共公革职了。文公听后，长叹一口气说："曹国就只有一个贤臣，还被革职，国家能不灭亡吗？"

僖负羁的住宅在城的北门附近。文公传令说："要好好保护僖负羁，如有人敢于侵犯他家里的一草一木，军法论处，定斩不饶！"

晋国大将魏犨和颠颉，平素就有居功自傲的表现。魏犨见晋文公颁发了保护敌国大夫僖负羁的命令，便愤愤不平地对颠颉说："我们南征北战，立下许多功劳，主公并无一句奖励的话；僖负羁给了他点小恩小惠，反倒念念不忘，真是轻重不分啊！"

颠颉想了想说："此人若被君王封官赐爵，必然会在你我之上，不如趁乱放一把火将他烧死，以除后患。"

魏犨听了附和着说："说得有理。"

二人计议妥当后，就叫人抬来一坛白酒，两人吃喝了一顿，到更深夜静时，便率领一些士兵，把僖负羁家围了个水泄不通，在前门、后门同时放起火来。当夜，西北风大作，风助火势，火助风威，烈焰冲天。魏犨趁着一股酒劲，跃上门楼，打算寻找僖负羁。不料房檐被焚毁，他一失足摔了个仰面朝天，接着轰隆一声巨响，一根大梁掉了下来，不偏不倚，正砸在他的胸脯上，顿时口吐鲜血，不省人事。后来，他被颠颉救上战车，送回兵营。

晋文公像

同晋文公一起居住在中军帐的狐偃、胥臣等人，远远看见北门一带烈火熊熊，火光冲天，急忙领着兵马前去救火。当他们扑灭大火后，只见僖负羁被大火烧得奄奄一息，躺在断壁残垣之中。只有僖负羁的女人，怀抱5岁的幼儿，躲站在院中的水池中间，才免遭灾难。

狐偃听说大火是魏犨和颠颉二人放的，便立即将这一消息报告晋文公。

晋文公听了非常气愤，便驾车前往，见僖负羁已经气息全无，心中十分难过。僖负羁的妻子怀抱幼儿，哭拜在地。文公说："贤嫂不必痛哭，肇事者一定要严办！"说着，当场封她怀抱中的幼儿为大夫，赠送了大批银两，厚葬了僖负羁，并让人把孤儿寡母护送到晋国抚养。

晋文公看着僖负羁家中的惨状，不禁怒出火起，便与大将赵衰商量惩治纵火犯魏犨和颠颉。赵衰说："魏、颠二将，都是我国的老臣，有19年从亡奔走的功劳。这次伐卫破曹，又立新功，我看可以赦免。"

晋文公不以为然地驳斥道："身为大将，带头违犯军令，不从严惩处，如何统帅军队，国家又怎么治理？"

赵衰回答说："君主所讲得有理。可是魏犨是员勇敢无比的虎将，有谁能比得上他呢？杀了深为可惜呀。主公可先叫我看看他的伤势。再作处置。"

文公同意地点了点头。赵衰便乘车来到魏犨的住处。

魏犨听说赵衰来看他。知道带有君命，便叫随从官吏取来一匹棉布，把浑身上下裹了个结结实实，然后全副武装，精神抖擞去拜见赵衰。

赵衰问："将军伤势很重，还能起床吗？"

魏犨说："身体倒是问题不大，只是自知罪重，还望老兄在君主面前，多为愚弟说几句好话。"说完他便在地上跳了三跳，又踢了三踢，表示他伤情不重，还可以驰骋疆场。

赵衰返回中军后，便如实将情况报告了晋文公，并求文公宽恕魏犨，让他戴罪立功。文公准了赵衰的请求，下令惩治颠颉。

一会儿，颠颉被押到晋文公面前。文公骂道："你身为大将，为何违犯军令，纵火杀人?!"

颠颉诡辩说："介子推割股奉君，亦遭焚死，僖负羁给了你一盘点心，不也应该烧死吗？"

晋文公大怒，说："颠颉主谋纵火杀人，该当何罪？"

赵衰在一旁答道："应当斩首！"

于是，晋文公下令，将颠颉推出去斩首示众。

文公又问："魏犨与颠颉同谋，该当何罪？"

赵衰说："应当革职，令他戴罪立功。"于是革了魏犨右军统帅的职务。

晋军见君王一时杀了一将，又革了一职，纷纷感叹地说："魏、颠二将，有追随君王19年的功劳，违犯军令，一样处理，真是军法无情啊！"

从此，晋军将士遵守军纪，勇敢善战，很快成为当时诸侯各国的劲旅之一。

四、宰相无私拒礼

有一天，一位官员给吕蒙正（北宋宰相，944～1011）送来一面古铜镜。送镜者夸耀说："这面镜子能照出200里以内的东西。"吕蒙正听了不禁笑起来了："我的脸顶多也不过只有碟子那么大，哪里需要能照得这么远的镜子呢？"那位送镜者感到很尴尬，只好灰溜溜地走了。

没隔多久，又有一个人手持一方古砚来向吕蒙正兜售，名为卖，实为送。那人竭力炫耀说："此砚非同一般，一呵即润，无须注水，润后即可磨墨作书。"停了一下，他又说，"如老爷要买，只需10文。"

吕蒙正此时完全明白了"一呵即润"的古砚无疑是砚中之宝，但如此珍贵的名砚不可能多到登门求售的地步，更不可能如此便宜，分明是赠送。于是，他诙谐地对持砚者说："这方宝砚纵使一天能呵出一担水来，也不过只值10文钱而已。"说完，他哈哈大笑起来。求售不得，送又无门，那人只得携砚而归。

五、勇于承认一己私心的唐太宗

公元642年，唐太宗手下有一位名叫党仁弘的大将，因贪赃巨大，被人揭发，查证确凿后，依法判处死刑。

审判决案上呈皇帝唐太宗后，太宗感到很为难。按国法说，为臣的犯了这样重大的案，当然要依法判死罪，更何况太宗一向重视以法治天下。但这唐太宗拿到判决书后，内心有些犹豫了。他想：党仁弘跟随自己多年，这么多年来，他在许多重大事情中，给自己出了不少好主意，这人虽有些蛮横、贪婪，但却很有才略，杀了他，太可惜了。太宗想到这，硬是让大理寺改判，判党仁弘免死罪，黜为平民，流放到钦州，就这样，一起当时全国上上下下人们都关注的重大贪赃案，在太宗一手干涉下，从宽处理了。

事情过后，唐太宗心里很不安。大臣当中，不少正直的人，多次向他进谏，向他提出从宽处理党仁弘的危害。百姓中也有议论，人们都说唐太宗以私乱法，不能以法取信于民。这些，又使太宗心情更加不安，他经过反复思考后，觉得自己的确犯有因私念而违法的错误，于是便决定召集大臣们，自己当众承认错误。

太宗身旁的几位大臣，听说皇帝要当众承认错误，便急忙劝太宗。

一位年事已高，白发苍苍的老臣，跪在太宗面前真诚地说："陛下因私乱法，的确是错误的。但陛下万不能因一点小错，就当众贬低自己。这样，日后皇帝拿什么来维持自己的威信？威信扫地，天下也就危险了！"

唐太宗像

几位官位很高的大臣，也劝太宗："陛下功高有如泰山，恩德有如日月。天下人都认为，大唐有了陛下这样圣明的皇帝，是上天对大唐的赐福。如果皇帝公开承认错误，陛下的威望就会受到危害。"

大臣们的这番话，的确使太宗内心有些犹豫。他似乎也觉得，公开承认错误，当众说自己短处，可能会影响皇权的威望。如果自己悄悄改正错判，就会既维护了国法，又可不影响自己的威信，这样做岂不是两全其美吗？但太宗转念又想：自古以来，圣明的国君很重视取信于天下。我因私情乱了法，失信于百姓，这是为天下人所耻笑的。现在，我已经看到了错误的严重，如果没有胆量公开承认错误、改正错误，那岂不是更为天下人所耻笑，更失信于民？为天子的，有法不依，有错不敢承认，还谈什么威信？又靠什么治天下呢？想到这些，他毅然决定：不仅要当着大臣们的面承认错误，而且还要向天下人公开认错。

于是，一天他把五品以上的官员都召集来，心情沉重地说："国法，是一国之主受天命之意而制定的，任何人不可以因私而乱法。现在，朕因私意怜惜党仁弘，从宽赦免了他死罪，这是违背国法、有背天意的事。现在朕当众承认错误，并决定，为了惩戒自己，朕要到南郊住蒿草房、吃素食，向苍天谢罪三日，并将此布告天下。"

在场的大臣，一听皇帝不仅公开谢罪，还要到郊外惩戒三日，觉得太过分了。于是便齐齐地跪在地上劝阻太宗，并从早晨一直劝到中午。最后，太宗见大臣们就是跪在殿中不起来，只好同意不到郊外谢罪。但他坚持向全国下一道罪己的手诏，诏书中说："朕有罪状三条，第一条是在任用人上有问题；第二条是因私情而违背了法律；第三条是没有能够做到奖赏善者，诛杀恶者。"

天下人闻此诏书，十分钦佩太宗勇于改正错误的精神，同时也更加遵守国法。

六、父子皆无私

胡质、胡威父子，是魏晋时期很有名的无私之士。

胡质，字文德，三国魏寿春（今安徽省寿县）人，少年时就出了名。曹操召为顿丘县令。魏文帝黄初年间，先后任常山太守，东莞太守。在郡9年，很有政绩，官吏和老百姓都安居乐业，将士效命。后来升为荆州刺史，赐爵关内侯，迁征东将军，假节都督青州、徐州诸军事。每次军功所得赏赐，他都分给部下，从不拿回家中。

胡质性情深沉笃实，内心高洁，不以权谋私，他任过职的地方，人们都怀念他。他去世后，家中没有多余的财物，只有皇帝赏赐的衣服和一只小书箱。

胡质的儿子胡威，字伯虎。他少年时期就有远大的志向，以节操清白自励。在胡质任荆州刺史时，胡威从京城洛阳家中去探望。因为家贫，无车马童仆，便自己赶着小毛驴一人上路。每到一地客店后，就自己牵驴放牧，拾柴做饭；吃完饭，又随旅客们赶路。到荆州见到父亲后，在郡衙的马棚里住了10多天。起程时，胡质给他一匹绢作为路费。胡威知道父亲一向清廉，见到这样好的丝织品，疑惑不解，便跪起身问道："大人清白，不知从哪里得到这匹绢的？"胡质回答说："这匹绢是从我的俸禄中节省下来的，给你做路上的费用。"胡威这才接受下来，辞别父亲上路。

胡质帐下有一个都督，同胡威素不相识，在胡威将要回家之前他也请假回家，却暗地带上行装在百里之外的路上等待胡威。胡威来后，他就相邀为伴。一路上他事事帮助胡威，并送一点吃的东西，就这样走了几百里路。胡威对这个素昧平生的同伴的殷勤很疑惑，就想方设法引诱他说出自己的身份，这才知道他是父亲手下的一名都督。胡威取出父亲给的那匹绢答谢他并让他回去。后来，胡威因别的事向父亲写信时，顺便讲了这件事。胡质知道此事后大发雷霆，将这个都督杖责100棍，并撤销其职务。胡质、胡威父子这样清廉谨慎，因此声誉远近闻名。

后来胡威被朝廷授以侍御史的官职，曾封南乡侯，任过安丰太守，升到徐州刺史。他勤于公事，注意治道，政绩显著。经他治理的地方，社会风气都很好。有一次，胡威入朝述职，晋武帝召见他，从谈论边疆大事说到生平。晋武帝赞美他父亲为官清廉，并问胡威："你和你父亲相比，谁更清廉？"胡威回答说："臣不如家父。"晋武帝又问："从哪里说明不如？"胡威说道："家父做事清廉恐怕别人知道，臣清廉却恐怕别人不知道，这就是臣不如家父的地方，臣比家父差远了。"

正气的品质

一身正气的品质

一身正气，是中国人的本色，是千百年来流传下来的优良传统，是中华民族的优秀基因。

对于我们青少年人来说，一身正气，就要为人正派、自律，始终保持我们的道德和操守；就要严于律己，自觉遵守国家法律，严格执行国家和学校的各项规定，时刻警惕权力、金钱、不健康网络信息的诱惑，防止自身的思想庸俗化；就要善于分辨好坏，分辨什么是可以接触的，什么是不能接触的，认真接受老师和家长的教育、提醒和约束，努力自觉严格地要求自己，防止不正之风在自己身上蔓延；就要乐于接受来自各方面的监督，自觉做到“在阳光下生活，在阳光下学习，在阳光下健康茁壮地成长”。

一身正气，是一种品质修养。

古人云：“公生明，廉生威。”又云：“其身正，不令也行；其身不正，虽令不从。”我们只有自身行得端、坐得正，在各方面起到一身正气的表率作用，才能树立表率、做好自己，成为一个真正的一身正气人。

为人正气的中华故事

一、孔融不畏名流

东汉末年，河南太守李膺（字元礼），在洛阳颇有名望。太学中称他为“天下楷模李元礼”。当时的文人雅士如能被他接见，就觉得无上荣幸，儒士名流们争相拜谒。但李膺下令只有他们的世交和当世名人来访才准通报。一般人士休想登他家大门。

一天上午，一个10岁左右的小孩来到李膺宅前，对守门的小吏说：“我是李太守家世交子弟，烦劳通禀。”李膺听了禀报，甚是疑惑，怎么也想不起有这样一个世交子弟，就对门吏说：“放他进来吧！”这个小孩大大方方走进李膺的客厅，对着满座宾客施礼，然后入座，自我介绍：“本人姓孔名融字文举，年方10岁，今日来会见诸位贤士，愿共议诗文。”李膺问他：“适才门吏禀报，小贤士自称世交子弟，不知你家先君与我家先人有何故交？”孔融不慌不忙地答道：“我家先人是孔子仲尼，府君先人是老子李耳。春秋时，仲尼曾问礼于老子，他们之间的交往甚密，相为师友，我是先君仲尼二十世孙。我们两家不是世交吗？”李膺和众宾客见10岁的孔融通悉经史，而且不畏宾客，对答如流，都暗暗称奇。这时，常来李膺家谈论诗文的太中大夫陈炜走进客厅，李膺向陈炜介绍了孔融，宾客们也把刚才对答的话告诉了他，并夸赞孔融聪明。陈炜听了，毫无表情，只淡淡地说：“小时候聪明，长大以后也许是个糊涂人呢！”孔融接口答道：“听您这么说，我想您小时候一定很聪明了？”陈炜一时想不出适当的话对答，只觉得双颊发烧，手足无措。李膺及众宾客哈哈大笑，说：“小贤士年少才高，日后必成大器。”

孔融由于聪明好学，诗文出众，后来成为文坛上杰出的名流。

二、陶渊明不为五斗米折腰

陶渊明又名潜，他的曾祖父陶侃，是东晋前期著名的功臣。到了陶渊明的时候，家道已经衰落。陶渊明从小受正统的封建教育，很有些“济世救民”的志向。但他的才能无法施展，因为东晋政权实际上被极少数贵族地主所掌握，权贵们滥用职权，损公肥私，专门互相倾轧，把个朝政弄得乌烟瘴气。当时的“门阀制度”又很严，人才的任用根本不看他的才德条件，而是看他的出身门第、财产、势力，所以有才干的人被排斥在政权之外。晋安帝义熙元年，陶渊明41岁，当时他做江州刺史刘敬宣的参军。这年3月，陶渊明奉命到建康（今南京市）替刘敬宣上表辞职，此后，他自己也就去职回家了。但家中实在太穷，亲友们都劝他还是去找个县吏之类的小官当当，也算是个谋生之计。加之他又想为将来的隐居积蓄一点酒钱，便又设法当了彭泽县令。彭泽是一小县，县令的薪俸十分微薄，每月大约只有五斗米，但尚有官田百亩可供支遣，这就能解决他的吃酒问题了。

陶渊明本来是不愿做官的。虽然青年时代曾有过一番雄心抱负，但根本无法遂志。13年中，他为生活所迫，曾三次出任过祭酒、参军之类的小官。官场上的黑暗和腐败，使他十分厌恶。到了彭泽住所，他又像鸟雀关进了樊笼，很快又向往起自由自在的田园生活来。他打算秋收之后就卷起行李回家。

一天，陶渊明处理完公事，正在休息，县吏突然跑来向他报告说，督邮大人已经来了，要他赶快穿戴齐整前去迎接。原来这督邮是郡里太守派下来到各属县督察官吏过失的，是郡守的亲信，不少人为了自己的前程都要向督邮行贿送礼，否则就有丢官的危险。陶渊明一向就非常鄙弃厌恶这种作风和这些贪婪之徒，现在竟要他自己行大礼去迎接这种人，实在受不了这种侮辱。他叹息道：“我怎么能为了五斗米向这种小人折腰！”当即挂印而去。

陶渊明像

陶渊明这次做官，前后仅80多天，便不辞而别，从此结束了他13年的仕宦生活。回到家里，他看见离别已久的妻儿，看到了快要荒芜的田园，更感到自己的决定是多么的正确。特别是离开了那污浊的官场，更使他感到心情舒畅，充满着欢乐，于是欣然提笔写下了《归去来兮辞》，从此便成了一位真正的田园诗人。

对于陶渊明，朱熹曾有一段评语说：“晋宋人物，虽曰尚清高，然个个要官职。这边一面清谈，那边一面招权纳货。陶渊明真个能不要，所以高于晋宋人物。”这是公正的。陶渊明蔑视功名富贵，不肯趋炎附势，在其创作中多有表现。他的大部分作品都贯穿着重视个人操守，不愿同流合污的精神。他晚年写了一篇《感士不遇赋》，尖锐地指出在朝廷和街市上，看不到廉洁退让的风尚，充满着争名逐利的气氛，再次表示自己甘愿过贫贱生活，不羡慕荣华富贵。陶渊明不愧是我国历史上一个伟大的诗人。

三、齐白石画不卖官

1934年，齐白石已70岁了。当时辽沈沦陷，锦州失守。平津地区的百姓也人心惶惶，富有之家，纷纷携带财物与家人南迁。这时，在北平的日伪人员却十分活跃。他们慕齐白石大画师之名，络绎不绝地求访、送礼，约吃饭，请照相……白石老人对此非常愤恨与烦恼。他深知，这些人的目的，无非是哄骗自己拼命为其作画，他们好去赚钱发财。

齐白石

齐白石心想，在国难当头之时，一个有爱国心的画家，岂能听他们的使唤！于是，老人想出了一个办法：大门紧闭，门里加一把大锁，有人叫门，先在门缝看明来人后才开门，对于不愿见的人，就让女仆回答说：“主人不在家。”

齐白石老人80岁时，北平沦陷。在日本帝国主义的铁蹄下，白石老人深居简出，心情十分郁闷。这时他毅然在自己的门上贴了12个大字：“白石老人心病发作，停止见客。”后来，干脆在门上直率地写上了“画不卖与官家”的字样。但是，那些厚颜无耻的汉奸走狗，仍借买画之名来纠缠老人。这时，齐白石为了表示对敌人的鄙视和不屈不挠的精神，索性把字条换成了“白石已死”。

齐白石多次变换门上的字条，拒不理睬敌人，充分表现出老人的民族气节和一颗赤诚的爱国之心。

四、杨开慧一身正气

杨开慧同志于1901年诞生在湖南长沙县城东北120里处的板仓冲。1920年下半年参加社会主义青年团。

1920年冬，杨开慧和毛泽东同志结婚。第二年，毛泽东出席中国共产党第一次全国代表大会后，从上海回到湖南，建立了中共湘区委员会，并担任委员会书记。开慧在这时加入了中国共产党。他们在长沙清水塘二十二号的家，便是湘区委员会机关所在地。开慧是毛泽东的得力助手。她协助毛泽东剪辑报纸、抄写文稿、接待来访者。每当毛泽东召开党的会议，开慧就到屋外流动巡视。毛泽东起草的党内文件，她都加意珍藏。那只收藏文件的首饰箱，由于她常常枕在头下，后被人们称为“枕头箱”。

大革命失败以后，为了挽救危局，毛泽东根据党的“八七”会议的指示，到湖南准备发动秋收起义。开慧回到板仓。周围是一片白色恐怖，家中有三个孩子拖累，又离开了7年来朝夕相处的亲人，真是困难重重。但是开慧并未因此消沉。她积极与板仓一带的地下党员取得了联系，把党的“八七”会议的精神告诉大家，并且表示愿和大家团结一致坚持斗争。秋收暴动的消息传来，板仓一带的地下党员、农会骨干纷纷行动起来，割断电话线，破坏桥梁，贴出了一张张火红耀眼的革命标语。

当年，板仓大旱，贫苦农民饥寒交迫。开慧深切同情并竭力帮助贫苦农民，与贫苦农民结下了深厚的情谊。冬天到了，农民缪正和一家八口人还穿着单衣，又冷又饿，十分凄惨。开慧要妈妈先给缪家送去几升米，又把自己暂时不穿的衣服打成一个包送到缪家。缪正和流着感激的眼泪说：“霞姑（开慧乳名霞），你救了我们一家人！”开慧说：“快莫这样说，我们都是一家人。”

大革命时期的农民协会积极分子，在白色恐怖中受害最深。开慧特别注意联络他们，以保存革命的火种。当年，农民协会委员缪佩秋和他的爱人，当年女界联合会的小组长秋一嫂，在大革命失败后一直没有屈服。开慧一身农妇打扮，几次去到他们家，以买菜为名，进行联络。秋一嫂见她一片赤诚，终于吐出了埋藏在心底的话："霞姑，这天还能翻过来吗？""只要大家团结起来，能行！"开慧坚定地回答。

板仓一带的地下党组织重新组建了秘密赤卫队，开慧常跟大家一起活动。赤卫队员们根据开慧的建议，用计夺了当地团防局的几支枪，巧妙地处罚了大土豪李月桃。赤卫队不断发展，后来有的队员还上了井冈山，当了红军。

开慧和毛泽东离别后，她的心始终跟党在一起，跟毛泽东在一起。她积极主张武装斗争，支持当地党领导的农民游击队，关心井冈山根据地的发展。

1930年秋，围攻长沙的工农红军撤退后，国民党反动派对革命人民进行更加疯狂的反扑。"铲共义勇队"、"清乡队"四处捕人，形势非常险恶。

敌人悬赏捉拿杨开慧。开慧做好了应变的准备。她把珍藏着的党的文件转放在母亲陪嫁的一个蓝花瓷坛里，深埋在菜园子靠山坳的角落。

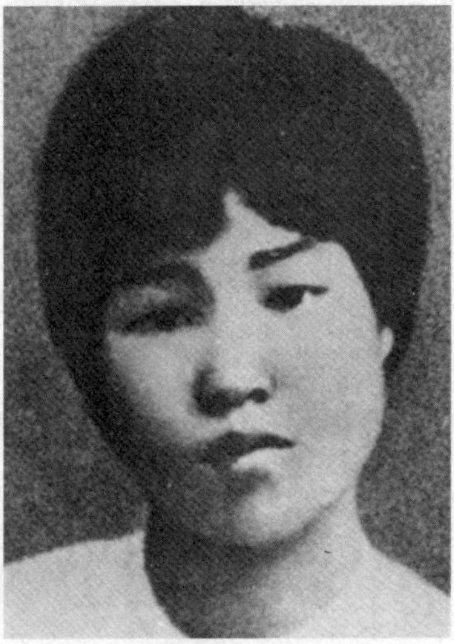
杨开慧

1930年10月中旬的一天，开慧被追踪的敌人发现了。伪乡长范庆熙带领80多名匪兵，午夜时分围住了开慧的家。一阵粗暴的敲门声把刚睡着的开慧惊醒，她急忙翻身下床，迅速检点起手头未处理的文件，拿到厨房里烧掉，然后从容地走了出来。匪徒们将杨开慧和陈玉英捆绑起来，连同8岁的小岸英，一起押送到长沙警备司令部。

敌人虽然为抓到杨开慧而弹冠相庆，但却无法从杨开慧嘴里得到他们想得到的东西。

“你的丈夫毛泽东现在哪里?”

“你们的报纸上不是经常登载关于他的消息吗?你们不是去‘会剿’过吗?何必来问我呢!”

审讯之后又用毒刑:打木棍、抽皮鞭、扎竹签、踩杠子。开慧被折磨得遍体鳞伤,却始终不吐实情。湖南省清乡司令部把杨开慧当作“最严重的政治犯”,寄押在陆军监狱。

敌人见硬的手段不行,就改用软的。一天,省清乡司令部执法处长陪同两个大官,把杨开慧“请”到客厅坐下,开始了一场攻心战。

“你上有老母,下有幼子,要好好想一想,何苦执迷不悟!”

开慧鄙夷地哼了一声。

“只要你在报纸上发表和毛泽东脱离夫妻关系的启事,就可以马上得到自由。”

开慧轻蔑地冷笑道:“要打就打,要杀就杀,要我与毛泽东脱离关系,除非海枯石烂!”

敌人恼羞成怒。匪首何键亲自决定对杨开慧处以极刑。

开慧早把个人生死置之度外。在阴暗恐怖的牢房里,她教岸英识字,嘱咐他长大了要好好听爸爸的话。她对前来探望的亲友说:“死不足惜,只望革命早日成功。”她托付亲友把她保存在家的一段布料给她做一套新衣。亲友知道她平时不爱穿新衣,而今要做新衣,可能是为牺牲做准备了,都感到十分悲痛。

1930 年 11 月 14 日下午 1 时,天色阴沉,北风怒吼。敌人到牢房来提押杨开慧。陈玉英上前护住开慧,岸英抱着妈妈的腿痛哭。开慧抑制住内心的激动,深情地抚摸着岸英的头。敌人凶狠地把她从孩子身边拉走了。

长沙浏阳门外识字岭的刑场上,响起了罪恶的枪声。29 岁的杨开慧,高呼着“打倒国民党反动派!”“中国共产党万岁!”的口号,英勇就义。当地农民冒着生命危险,连夜把烈士的遗体运回板仓,葬在青松环绕的棉花坡上。

五、宋庆龄与“七君子”同服“救国罪”

宋庆龄

1927年蒋介石叛变革命后，疯狂逮捕、监禁、杀戮革命者和爱国人士，大搞法西斯统治。宋庆龄针锋相对，把自己的主要精力用于保卫人民权利和营救被捕革命者的斗争。

1936年5月，宋庆龄与马相伯、沈钧儒等人在上海领导组织了全国各界救国联合会，反对蒋介石的对外投降、对内反共政策，要求国民党政府停止内战，立即释放政治犯，派代表与红军谈判，建立抗日统一战线。他们的抗日救亡行动遭到蒋介石反动派的极端仇视。11月22日，国民党当局在上海逮捕了救国会领导人沈钧儒、章乃器、邹韬奋、李公朴、沙千里、史良、王造时7人。这就是有名的“七君子”之狱。宋庆龄发表严正声明提出抗议。为了营救“七君子”，她和何香凝、胡愈之等16人发起了救国入狱运动。他们尖锐地指出：救国如有罪，我们就应该和沈先生等同罪。为救国而入狱，是我们的光荣，也是我们的责任。他们共同向法院具状候传，并于1937年7月亲自前往苏州，要求与“七君子”同服“救国罪”。这一大义凛然的爱国行动，深受全国各界人士钦佩和支持，也震惊了世界。

六、江姐志坚如钢

1948年6月江竹筠同志不幸在万县被捕，并立即被解送到重庆“中美合作所”渣滓洞监狱。

“中美合作所”的特务，从叛徒口里知道江竹筠同志是我党下川东地委委员、华蓥山游击队政委，是彭咏梧同志的妻子后，对她十分“重视”，满以为可以从她口里得到需要的情况，曾在一个多月的时间里，对江竹筠同志软硬兼施，诱供、逼供，并且接连动用了老虎凳、吊鸭儿浮水、筷子夹手指、竹签钉手指等酷刑。在审讯中，江竹筠同志斩钉截铁地回答说："上级的姓名、住址，我知道，下级的姓名、住址，我也知道，但这都是我党的秘密，不能告诉你们！"特务们冷笑着说："好吧！让我们帮助你一下就说了。"他们把江竹筠同志倒吊了许久，但她仍然紧闭着嘴，什么也不说。特务们恼羞成怒，又用竹筷子夹她的手指。江竹筠同志疼痛难忍，汗珠从脸上大滴大滴地落下，几次昏倒过去。当她醒过来时，仍然顽强地对特务说："你们可以整我的手，甚至杀我的头，但是，我的思想是整不倒的，永远也整不倒。"敌人为了折磨江竹筠同志，反复施刑，以致把江竹筠同志的手指夹得血肉模糊，鲜血淋淋。然而，江竹筠同志志坚如钢，毫不屈服，始终严守了党的机密。一次，特务头子徐远举一连问了10多个问题，江竹筠同志只是横眉冷对，一句也不回答。于是，气急败坏的徐远举便使出了对女革命者常用的手段，大喝一声："给我把她的衣裤全剥下来！"江竹筠同志斥退了走上前来的几个彪形特务，整了整衣服，理了理头发，然后指着徐远举厉声说道："我是连死也不怕的人，还怕你用剥掉衣服这种卑鄙的手段来对待我?!""我问你，你妈妈是不是女性？你老婆是不是女性？你女儿是不是女性？你这种可耻的侮辱我的手段，是连你妈妈、你老婆、你女儿都一起被侮辱了！"这义正词严的训斥，使徐远举狼狈万分，下令用竹签钉进江竹筠同志的手指。

江竹筠同志在狱中虽然身受酷刑，遍体鳞伤，行动不便，但她始终坚定乐观，对难友关心体贴，在生活上照顾大家，帮助别人解决困难；在思想上，经常和大家一起谈心，共同学习革命理论。她们凭着记忆，讨论毛泽东同志在《新民主主义论》中的一些论述，背诵"新中国航船的桅顶已经冒出地平线了，我们应该拍掌欢迎它"，"举起你的双手吧，新中国是我们的"等鼓舞人心的语句，相互勉励，坚持斗争，坚定夺取胜利的信心。江竹筠同志钢铁般的意志和英勇不屈的斗争精神，以及对同志的体贴、关怀、帮助和鼓励，充分表现了一个共产党员的高贵品质和革命气节，极大地鼓舞了同牢难友，大家亲切地称她为"江姐"。

1949年11月，在重庆解放前夕，反动派准备逃跑时，对囚禁在"中美合作所”的共产党员、进步人士，进行了有计划的大屠杀。11 月 14 日，江竹筠同志和另外几位难友，被敌人秘密杀害于“中美合作所”内的电台岚垭。她牺牲时年仅 30 岁。牺牲前，她在给亲属的一封信中说：“我有必胜和必活的信心，自入狱日起，我就下了两年坐牢的决心。”“只要一天没有停止呼吸，共产党员就要工作一天，学习一天。”“……倘若不幸的话，云儿就送你了，盼教以踏着父母之足迹，以建设新中国为志，为共产主义事业奋斗到底。”

耿直的品质

耿直不屈的品质

通常，人们把性格刚直、作风正派、公正无私的品德叫耿直。它是在诚实基础上的一种美德，因此，耿直的人一定是足够诚实的。我国汉代有个秉公执法的人叫苏章。他在清查积案时，发现自己的好朋友太守是个大贪污犯和行贿者。有一天，苏章请太守来喝酒，备下好酒好菜，畅饮叙旧，十分快乐，根本没提太守贪污行贿之事。太守自从苏章到任后，十分恐慌，他深知苏章的为人，一向正直无私，又清楚自己的罪行，所以既不敢接近苏章，又不敢再行贿，心中老是七上八下的。现在，苏章主动请他喝酒叙旧，他总算放下心，以为不会对他治罪了，于是得意忘形地说："别人头上只有一层天，唯独我头上有两层天啊！"苏章听到此言，知道太守误解了自己，于是郑重地说："今天晚上我请老朋友来喝酒，是尽私人旧谊，明天开堂审案，却是执行公理王法啊！"果真第二天审案，苏章并没有因太守是自己的老朋友而念半点私情，而是依法将这个贪污行贿的太守明正典刑了。

在封建社会里，苏章能做到这一点，太难得了。因为，耿直不仅要诚实，还要勇敢。只有勇于与自己或别人的错误行为作斗争，才能具有耿直的品质。耿直——刚正不偏邪，就是一个人喜欢站在正确的、善的一方，有一个正确的立场，就是圣经所讲的"不喜欢不义"。我们内心都有一个判断是非的天平——良心，耿直的人是不会偏向邪恶那边的。这意味着一个人在任何情况下都恪守公正，不做伤害他人的事情。为人立品，第一重要的是耿直不屈，它是所有品格中最重要的要素。

耿直不屈的佳话故事

一、王昭君耿直不贿画师

杜甫有这样一首七言律诗：

群山万壑赴荆门，
生长明妃尚有村。
一去紫台连朔漠，
独留青冢向黄昏。
画图省识春风面，
环珮空归月夜魂。
千载琵琶作胡语，
分明怨恨曲中论。

这首诗说的是千古流传的昭君出塞的故事。

原来，汉元帝荒淫无度，有一天，忽然想让画工毛延寿把后宫内众多的嫔妃全画下来，他好按图召幸。久居深宫被冷落的妃子们听到消息后，都纷纷贿赂御用画师毛延寿，希望能以如花似玉的画相得到元帝的宠爱。独独那个孤傲正直的贫家女王昭君不肯以财物贿赂画师。

利欲熏心的毛延寿对此非常嫉恨。他想：别看你生得貌美，我决不让你得宠。就这样，他在画昭君的画像时，故意在她俊俏的脸庞上，点上了几个大黑痣，使得容貌艳丽的王昭君一下子变丑了。自然她不会被元帝选中。

恰在这时，匈奴单于入朝求亲。汉元帝为了和番，答应了匈奴单于的要求。这个消息传到后宫之后，搅动了王昭君的心，她想，与其在这高墙深宫里当个活僵尸，倒不如嫁给匈奴单于做阏氏（匈奴单于之妻的称号），为和番尽一点微薄之力。于是昭君自己请求赴匈奴。宫使把昭君的请求呈报给元帝，元帝一下子想起了画像上那个长着黑痣的丑妃子，当即就同意了。

昭君去匈奴之前，元帝召见了她。直到这时，他才猛然发现，昭君容光照人，美貌绝伦，超过他后宫所有的妃子。汉元帝后悔不已，但名籍已交给匈奴单于，也就不好另换他人了。

汉元帝惋惜美人远离，一怒之下，把画工毛延寿拉到闹市斩首示众。

昭君死于匈奴。传说墓上塞草长青，人称之为青冢，在今呼和浩特市南。

二、狄仁杰怒斥张光辅

武则天垂拱四年（688年），狄仁杰被任命为豫州刺史。豫州原是越王李贞当刺史，他不满武则天称帝，更痛恨她杀害唐朝宗室，自己也随时可能被杀掉，因此起兵造反。武则天派张光辅为元帅，带领30万大军前往镇压。狄仁杰去豫州赴任时，李贞的叛乱已被平定，但张光辅尚未胜利回朝。光辅的将士们自以为平定叛乱有功，常向当地官员要这要那，稍不如意，就以武力相胁，甚至将地方官员扣留。他们也往往向狄仁杰索取财物。狄仁杰一概置之不理。他们竟撒起野来，在州府衙门外大吵大闹。狄仁杰命令武士们将他们打散，并将几个为首分子逮捕。

逃回的将士到张光辅跟前告状，说狄仁杰如何欺凌他们。张光辅大怒，前呼后拥来到州府衙门，挥兵将衙门包围。然后破门而入，直到大堂之上，传狄仁杰来回话。

狄仁杰按礼仪拜见了他，问道：“元帅怒气冲冲传呼下官，有何贵干？”

张光辅厉声喝道：“你小小一个刺史，竟敢蔑视我堂堂元帅！你真好大的胆子！”

狄仁杰故意装糊涂：“下官什么地方得罪了元帅，还请元帅明示。”

张光辅道：“为何打我抓我将士？这不是故意蔑视本帅吗？”

狄仁杰微微笑道：“原来如此，元帅不来，下官也要去拜见元帅，报告军机大事。原先祸乱豫州的，不过是一个李贞。如今一个李贞死了，却有千万个李贞生出来，更加使豫州不得安宁。敢请元帅加以讨伐！”

张光辅丈二和尚摸不着头脑，说道：“休得胡言乱语！哪里会有千万个李贞生出来，本帅怎么一个也不知道？”

狄仁杰向他拜了一拜，严肃地说道：“元帅统兵30万讨伐李贞。豫州城中听说官军到来，翻城投降络绎不绝，草地都被踩成了路，可见百姓多么欢迎元帅。但元帅平定李贞以后，却放纵将士抢掠，危害又甚于李贞，同时杀害已降的人作为自己的功劳，鲜血染红了田野。百姓大失所望。这不是千万个李贞又是什么？”这一席话，义正辞严。张光辅压根儿没有想到会如此，一时竟说不出话来，气焰也随之弱了下去。

狄仁杰却不罢休，走上一步，气愤地说道：“元帅放纵将士抢掠还不算，还纵容将士向豫州各级官员勒索，现在又带兵包围州府衙门，以武力胁迫下官，为罪犯张目，实为国法所不容！恨不得手执上方宝剑，加于元帅之颈，下官虽死如归！”说着，把手往下一劈，真像挥剑砍下去一般。张光辅不由得往后一退，好像真会砍在自己身上。

张光辅原以为狄仁杰会吓得屁滚尿流，料不到竟是这样一个刚强汉子，反把自己弄得语塞，下不了台。

张光辅回朝后，上奏武则天，诬蔑狄仁杰。结果，狄仁杰被派到遥远的复州当刺史去了。

三、刘禹锡被贬耿直不改

唐文宗大和二年春，一天，年近花甲的刘禹锡正独自一人往玄都观走去。旧地重游，往事一齐涌向心头：

23年前，刘禹锡参加了以王叔文为首的革新派，因而遭到顽固派的迫害，被贬为郎州司马，一去10年，直到宪宗元和十年，才被召回长安。当时，他的革新同人柳宗元等人也相继被召回。老友久别重逢，心情格外高兴，时值春日，于是便相约前往玄都观游玩。但见观内桃花盛开，赏花之人络绎不绝，目睹当时的情景，不能不勾起他10年贬谪境遇的回忆；再看当日朝中新贵，都是攀附了新当权者才爬上去的。他即景生情，吟成一绝：

紫陌红尘拂面来，
无人不道看花回。
玄都观里桃千树，
尽是刘郎去后栽。

但因在这首小诗中用桃树影射了新得势的权贵，所以他再次被贬出长安。接着又几经辗转流徙，在外整整14个年头。直至大和二年，才因宰相裴度极力推荐，又重返长安……

刘禹锡边走边想，不觉来到了玄都观。

这时的玄都观，一改旧日的景象。偌大的庭院里，到处长满了绿苔和杂草。往昔那盛极一时的桃花，已经荡然无存，连当年栽树的老道也已不知去向。玄都观的变迁，使刘禹锡联想到朝廷人事流变。当初那些顽固派是多么气焰嚣张、不可一世啊！但曾几何时，他们都像玄都观里的桃花一样，转眼之间，零落成泥。而自己虽几经波折，却好像松柏耐岁寒，四季长不老，终于再次出现在长安城。想到这里，他不禁百感交集，以更倔强的态度，更辛辣的笔触，写下了绝句《再游玄都观》：

百亩庭中半是苔，
桃花净尽菜花开。
种桃道士归何处？
前度刘郎今又来。

作者在这首诗里重提旧事，是不怕高压、继续斗争的表现，更体现了刘禹锡耿直不屈的性格。

四、海瑞耿直带棺请命

在明朝277年的历史上，海瑞是一位富有传奇色彩的人物。在官场上，他是奸臣权贵讨厌的刺儿头，不通情达理，铁面无私；在民间，他是备受百姓崇拜的英雄。他在民间的实际影响，甚至超过了当时的宰相和皇帝。

海瑞进入仕途的资格是举人出身。按明朝吏部的规定，就是做名小小的知县，也得是进士出身。因此，当海瑞任浙江淳安县知县的时候，已经熬到45岁了。

淳安县是三省交通的要道，过境的官员及其随从所需的食物、马匹、船轿挑夫，都由县民负担。于是，过境的官员越多，老百姓的负担越重。如果不顾百姓的死活，在这个交通要道上做县官，巴结讨好上司的机会也很多，容易获得升迁的机会。

海瑞一做官，处世和治事的作风就异乎寻常。

一次，京城里派出左副都御史鄢懋卿到浙江视察。鄢懋卿惯于敲诈勒索，收受贿赂，这次又是以钦差大臣的名义到地方巡视。这个贪官每到一地之前，先派人发出通知，声称“自己喜尚简朴，讨厌奉迎。地方官府迎送一切从简，不许铺张浪费，增加老百姓的负担。”这样做实际上是一箭双雕，表面是标榜自己俭朴，以此可以沽名钓誉；实质上是通知你为他的到来做好进贡的准备。地方官都知道其中的奥妙，一路上花天酒地，光收到的“孝敬”钱就有几千两银子。

海瑞接到鄢懋卿的通令后，知道鄢大人也要到淳安来搜刮一番。海瑞是一个公正而廉洁的官员，为国尽忠和为公众服务是他年轻时就立下的志向。他对这类投靠权臣严嵩发家，贪得无厌的官吏深恶痛绝。海瑞也看出这个鄢懋卿是个狡猾的贪官，发下所谓的“通令”只是官样文章，目的在于防备地方官抓他的小辫子弹劾他。

海瑞想：其他地方的县令怎么做我管不了，但是，休想在我管辖的淳安县捞到一文钱、一寸绸缎，让你鄢大人知道大明王朝还有像我海瑞这样不买账的清廉官吏。

海瑞决定顺水推舟，借鄢懋卿发下“一切从简”的通令，给鄢大人一个不大不小的难题。

当鄢懋卿启程赴淳安的前一天，他接到署有“严州府淳安县知县海谨禀”的公函。这鄢懋卿是第一次当钦差大臣，沿途不断地接到下属呈递的公函，起初还亲自过目看看，从那些阿谀逢迎之词中品味做钦差的尊贵，陶醉一番。一路南下，他很快就对地方官场的那套奉承麻木了，对这类公函不再像以前那样亲自过目，只是要属吏读给他听一听罢了。

海瑞呈递的公函却使鄢懋卿气急败坏。公函上说："我接到您发下的通令，要本县迎送招待一切从简。可是，据我属下打探的消息，您所路过的地方，都设盛宴款待，每次宴席花费三四百两银子，而且还有不少人将金银绸缎在宴席上奉献给您；下榻的住处也极为华丽铺张，别的不说，连尿壶都是银子做成的。这使我很为难，按您的通令办，恐怕怠慢了您，对您不恭；像各地一样铺张奢华，又怕违背了您下达的通令。请您决定该怎么办，并迅速通知本县，以便按您的要求准备。"最后，海瑞还写道："朝廷大臣如果不能拒绝地方官的阿谀恭维，接受重金厚礼，势必无法做到公事公办，完成皇上委托的重任！"

鄢懋卿心里盘算起来：要我白纸黑字地写明他们该怎么迎接？如果说按其他地方一样办，不就为他留下了告发我的证据吗；可按通令办，我去淳安县一趟又有什么甜头呢！

这次千里之行，鄢懋卿还没有这么难受过。他明白，自己的把柄已被海瑞抓住了。想来想去，又有些害怕，最后绕道到别的地方去了，没敢进淳安县一步。

海瑞在淳安做知县时，顶头上司是浙江总督胡宗宪。胡宗宪是一名文官，他投靠严嵩后才出任总督，肩负防御倭寇的重任。他做事雷厉风行，又集军政大权于一身，境内的官员和百姓都十分畏惧他。

有一次，胡宗宪的儿子带着一大帮随从和行李路过淳安县，住在县城的驿站里。海瑞曾经给驿站立下一条规矩：不管是哪一级官吏，都不准额外破费，一律按普通客人招待。驿丞接待胡公子，照旧如此。

胡公子平时养尊处优，横行霸道，远近闻名，别人怕他都来不及，可在淳安，县官不来巴结他，驿吏也把他当普通客人对待，骄横的脾气就上来了，再一看饭桌上的简单饭菜，气得掀了饭桌，砸了门窗，还叫随从把驿丞绑了起来，吊在屋梁上抽打，骂他有眼不识泰山。驿吏吓得跑来禀告海瑞。

海瑞早就风闻胡公子为非作歹的劣迹，现在竟在淳安县无理取闹，吊打驿丞，海瑞决心认真地收拾一下胡公子。

听完驿吏的报告，海瑞便命令衙役皂隶去拘捕这位公子和他的随从，带到公堂上审讯。

那胡公子一上堂，口口声声称自己是胡公子，暴跳如雷，还威胁海瑞。海瑞喝道：“总督大人一贯要求下属奉公守法，自己也为人表率，哪里会有你这样胡作非为的儿子。你敢假冒胡公子，威胁本官！来人，给我打20大板！你若不服，我还要从重惩办。”胡公子从小娇生惯养，哪里受过这种罪，挨过板子，嘴也不硬了，像泄了气的皮球，乖乖在供状上认罪画押。海瑞还没收了胡公子随身携带的大量银两。

第二天，海瑞命令衙役把胡公子押解到总督衙门，并让他们带去呈报总督的公文。

胡宗宪一见儿子的狼狈相，知道他吃了大亏，十分心疼，怒气冲冲地打开海瑞禀告的公文，只见上面这样写道：“此人自称胡公子，非法损毁驿站的公物，吊打驿丞。现押解至总督衙门，请您查实后发落。我认为，这是一个假冒胡公子的刁民，因为胡大人廉洁清高，不可能有这样骄横的花花公子，也不可能随身带着那么多的金银财物。”

胡宗宪看完信，有苦说不出，承认是自己的儿子，事情张扬出去，反而有损自己的威望，只好将这口气往肚里咽。

在严嵩当道的时候，海瑞敢于反抗严嵩的亲信、自己的上级，很需要勇气，海瑞忠于职守和正直的声名引起了人们的广泛注意和赞赏。

过了两年，严嵩被皇帝免职，他的党羽相继倒台，鄢懋卿和胡宗宪也被削职。海瑞在他们当权的时候就敢于和他们作对，因此声望大增，升任为户部主事。

海瑞一生抱定为国尽忠、为民请命的宗旨。自到京城做官，对嘉靖皇帝的昏庸荒惰和官场的腐败看得很多。嘉靖皇帝长期不上朝，躲在宫中向道士求长生的秘方。尽管他不了解朝政，但是，朝廷的大事他仍然主观独断，还容不得任何人提出不同的意见。如果他决定的事情办糟了，就杀一个昔日的亲信推卸自己的责任，平息舆论，还自以为自己圣明如尧舜一样。这样一来，朝政日非，纲纪不振。

海瑞对这一切忧心如焚，经过慎重考虑，他向嘉靖皇帝递上了震惊朝廷的奏疏。奏疏中指出：“现在官吏弄权枉法，贪污腐化，宫廷无限浪费，徭役赋税沉重，各地盗匪滋生，皇帝本人应负直接的责任。皇帝天天和方士混在一起求长生不老之术，是捕风捉影，痴心妄想。陛下已经成为一位虚荣、残忍、自私、多疑和愚蠢的君主。”奏疏中最刺激嘉靖皇帝的话是：“普天下的官员和百姓，很久以来就不认为您是正确的！”

海瑞的奏疏极端尖辣，但又恪守人臣的本分。这样的奏疏，在明朝历史上是没有先例的。指责皇帝的性格，否定他所做的一切，等于说皇帝是尸位素餐，这比唐朝魏徵的劝谏还激烈。

海瑞自知保不住性命，在递奏疏前，他就买好了一口棺材，召集家人诀别，仆人们也都吓得逃散了。

嘉靖皇帝读了奏疏，把奏折使劲摔到地上，愤怒地嚷道：“抓住这个海瑞，别让他逃跑了！”

一位知内情的太监急忙跪下禀奏说：“这个人是有名的书呆子，听说他已经在上奏章以前就买好棺材了，现在正在家里等死呢，他是不会逃跑的。”

嘉靖皇帝听完，长叹了一声，从地上拾起奏疏又读了几遍。过了两个月，嘉靖皇帝才下令把海瑞抓了起来。刑部判了海瑞绞刑，可嘉靖皇帝始终没有批复。

10个月后，嘉靖皇帝死去，海瑞才被释放出来，又继续他为民请命、报效国家的政治生涯。

五、朋友之交淡如水

清朝乾隆年间，“送礼”之风盛行，一些达官贵人借机大敲竹杠，发横财。

一次，有个副都统赫老爷满50大寿，下帖摊派送礼。寿日那天，送礼的人络绎不绝。曹雪芹（清小说家）也去了。他请人挑上两个酒坛，自己拿着画轴。听说曹雪芹来了，那些客人都大吃一惊。他们都知道这个人是从来不趋炎附势，清高得很的，可今天怎么也担着酒，捧着画来了？都统老爷更是喜出望外：曹雪芹这一来，他的身价就高多了，可以在客人面前大吹一通。

酒席开始，都统特命将曹雪芹送来的两坛酒打开，给每人斟上一盏，然后举起酒杯喜形于色地说："诸位，曹老爷送来的美酒，非同一般，下官三生有幸，得曹老爷如此赏脸。诸位，请！"说完，带头一仰脖喝干了。

奇怪，这美酒怎么没有味，跟水差不多？客人们使劲咂着嘴品，面面相觑，将信将疑，但谁也不好说出不吉利的话来。都统也觉得不大对劲，可也不便说破，只好自欺欺人地说："真是好酒啊！"

"对，对，酒是不错呀！"客人也都跟着捧场。

曹雪芹哈哈大笑起来，说："我再送你一副对联，请挂上吧。"都统忙命人拿来两根挂竿，将对联挂在"寿"字两边。客人们抬头一看，只见上联是"朋友之交"，下联是"淡淡如水"，顿时大眼瞪小眼，哑口无言。都统老爷肚里更是叫苦不迭，可表面上还要装风雅。他一本正经地解释说："圣贤有言，君子之交淡如水。水淡而情浓，更显交情之深厚。朋友之交，淡淡如水，高，高，实在是高！"

这么一来，谁还敢说一个低字？于是客人们都随声附和说："是呀，水淡情浓，水淡情浓，来，干！干！"结果，曹雪芹带来的两大坛清水，被喝了个光。

六、人不可有傲气，但不可无傲骨

1935年，徐悲鸿已经是国内非常有名的画家了。他并没有陶醉在自己的成功里，因为侵略者的毒爪正伸向祖国的大好河山。作为一个爱国艺术家，他对实行不抵抗政策的蒋介石十分不满。

一个阴沉沉的早晨，徐悲鸿夹着书包，准备到学校去讲课。他刚跨出大门，迎面碰上了他在法国留学时的同学，现任国民党内政部次长的张道藩。

张道藩这个人，画儿画得不怎么样，在官场上却很会钻营，是蒋介石的大红人。徐悲鸿对他素无好感，这会儿也不愿理他，想赶快走开。

"徐先生真早啊！我今天登门拜访，有件大事要和徐先生商量。"

"有事就请快说吧，我还要给学生上课。"

"呵，这里不方便，还是到府上谈吧！"

徐悲鸿只好把他领到会客室。

"有什么事，请快说吧！"

"哦，是这样。"张道藩满脸堆笑，一边说一边观察着徐悲鸿的表情，

“徐先生，蒋委员长对你的绘画才能一向评价很高，特别欣赏你的油画人物肖像……”

张道藩装着很亲热的样子，故意把椅子挪近一点，接着说道：“蒋委员长快过五十大寿了，想请你这枝生花的妙笔，为他画一幅肖像，这可是个千载难逢的好机会，一些有名的画家听说了，都羡慕得很啊！”

“原来是这么回事。”徐悲鸿那两道又黑又粗的眉毛紧紧地拧在一起，面容由黯淡变成愤激了。他想起日本侵略者在祖国东三省屠杀自己骨肉同胞的罪行，想起蒋介石丧权辱国、在侵略者面前步步退让的行为，气不打一处来：“我对给蒋介石画像毫无兴趣！你的意思不是有人眼馋吗，那么让他们去画好了。我徐悲鸿是个教书匠，不稀罕金钱、地位……”

徐悲鸿

不等徐悲鸿说完，张道藩的脸涨得通红。他结结巴巴地说：“你，你居然对给蒋……蒋委员长画像没兴趣，那么，你对什么有兴趣？”

徐悲鸿沉着地说道：“本来无可奉告，但今天，我倒不妨说说。我的兴趣，在抗日救国，假如抗日民众要我为他们画像，我将不胜荣幸！”

“这么说，你是肯定不为蒋委员长画像了？”

徐悲鸿毫不含糊：“你没说错，正是这样！”

张道藩再也装不出一副笑脸了，他怒冲冲地站起身来，说：“看在老同学的面上，我再奉劝你一句，一失足成千古恨。请你三思，免得后悔！”说完，他便拂袖而去。

得罪了蒋介石、张道藩这帮人，可不是件小事情，随时都可能发生意外。徐悲鸿很清楚这一点。然而，当他看到自己桌上的座右铭：“人不可有傲气，但不可无傲骨！”他感到心里很踏实，很痛快。

忘我的品质

忘我为人的品质

忘我是一种高尚的品质，从小我们的教育就在呼唤我们必须有这种品质，而且很多青少年都培养了这种品德。忘我是一种精神境界，以帮助别人为快乐，这是社会生活中一种高尚的行为。雷锋同志在这方面为我们做出了榜样，他利用休息时间，主动到工地帮工人干活而不计报酬；在大雨滂沱的夜晚，帮火车站货场搭篷子，帮大娘买火车票……“十佳”先进工作者徐虎，经常在休息时间为居民疏通下水道，不怕脏、不怕累、不计报酬，解决老百姓的燃眉之急，深得大家的好评。他们这种忘我的行为，为每一个人做出了榜样。无论谁在工作、生活中，都有可能碰到这样或那样的困难、挫折，都需要别人的帮助和关心。在我们社会主义国家，提倡忘我的品质，不仅能促进人们提高精神境界，还能创造良好的社会环境，使我们的生活更有意义。《晋书·王坦之传》中说：“成名在乎无私，故在当而忘我。此天地所以成功，圣人所以济化。”公而忘私，做事十分投入。这是一种难得的道德修养和做人的品质。

忘我为人的中华故事

一、鲁迅忘我救人于危难之中

在白色恐怖下，鲁迅的信件、钱款往往经内山书店代为收转，与人接

鲁 迅

头，也经常是在内山书店。

一天，鲁迅因为急于用钱，他估计有一笔稿费该送来了，便到内山书店跑了一趟。果然，这笔钱已经到了，计100元。

鲁迅收下后，在那里和内山先生正说着话，忽然，有一个妇女急匆匆地来了。她是来找鲁迅的。她低声地向鲁迅诉说了一番什么之后，鲁迅便毫不犹豫地把这100元都交给了她。那个妇女说了声“谢谢”，匆匆地又走了。

内山先生知道，在鲁迅的生活里，100元钱绝不是一个小数目，何况他正急于用钱，怎么就这样给了那个妇女呢？鲁迅解释说：“她的丈夫，被人出卖了，最近被抓进了苏州监狱。她正在设法营救。监狱方面说，拿300元钱来才能放人。她东借西凑的凑出了200元，还差100元，希望我借给她。”内山先生又问：“她丈夫是谁？”鲁迅告诉他说：“是我在北京教书时的学生。”内山先生感叹了，不以为然地道：“监狱方面是要骗他的钱呀！您应当劝她不要上那个当！”鲁迅却说：“在中国，这种事情多得很，警察和狱吏就是这样进行敲诈勒索的，她想必也知道，但是有什么办法！”鲁迅又说：“您如果站在她的地位上来想一想，您也得着急的！……不如数给钱，就不放人，她能有什么别的办法，只好把钱凑足了送去；而我，又怎能袖手旁观呢！救人危难，不是理所当然的事吗！”内山先生终于连连地点头了。鲁迅先生这种急他人之所急的忘我精神是多么宝贵啊！

二、严植之忘我见义勇为

南朝梁天监年间，有个兼职的五经博士叫严植之，他学识渊博，品德高尚，见义勇为。

严植之在年轻时就心地仁慈，爱做好事。有一次，他骑着马到山里去访友，一路上观赏山景，但见群山环抱，林木葱茏，溪水潺潺，云霞缥缈。泉声鸟语，清晰可闻。正行走间，忽见路边躺着一个衣衫褴褛，脸色苍白的病人。严植之下马问道："你患了什么病？家住哪里？姓甚名谁？"这个病人两眼睁了睁，说不出话来。

严植之见他病势沉重，需要赶快抢救，但举目四望，附近没有一户人家，山间小道上也无行人。他便弯下腰去，将病人扶上马背，驮到自己家中。到家后，将病人安置好，严植之又到处为他寻药治病，吃喝拉撒都亲自侍候，就像对待自己的亲人一样。哪知这个病人患的是不治之症，过了6天便去世了。严植之又为死者备办棺木，装殓埋葬，可这个死者是谁，他却一无所知。

又有一次，严植之在栅塘边看见一个面目浮肿，穿着一身破衣服，赤着双脚的人躺在地上。严植之下车问道："你是哪里人？怎么躺在这里？"这人把严植之上下打量了一下，见是个忠厚的读书人，于是说："小人姓黄，家在荆州，因家贫出外当雇工。最近身染重病，船主要开船时，将我抛弃岸上。现在回又回不去，可怎么办啊?!"说罢，长吁短叹，悲戚难忍。

严植之对这个病人十分同情，他对病人说："你现在无家可归，先到我家住下吧，等病好了再说。"病人激动地说："你真是一位大善人！"说着就要磕头。严植之连忙止住他说："快起来跟我走吧。"于是将他扶上车，回到自己的家，为他治病。经过一年的治疗，病人恢复了健康。

这个姓黄的病人对严植之的救命之恩感激涕零，他双膝跪地，恳切地说："严先生救了我的命，此恩此德，我永世不忘。我愿留在府上，终身充当奴仆，以报答先生的大恩，请先生收下我吧！"

严植之双手将他扶起，郑重地说："不要这样。谁没有困难的时候？有了困难互相帮助是应该的。你家里还有亲人，还是回乡吧。没有路费我可以资助你。"说毕，取出数贯铜钱和一些干粮，让他带着路上用。

他百感交集，依依不舍，一再要求留下当奴仆。严植之坚决拒绝，说道："你离家已一年多了，家里人不知怎样想念你呢，你也该回去看看了，快走吧！"他只好告辞而去。严植之这种忘我为人的品质值得青少年朋友们学习。

三、雷锋的忘我精神

雷锋同志从不满足于完成自己的本职工作，总是想办法为党多做工作。他当俱乐部的学习委员，热心帮助大家学习毛泽东同志的著作，买书、借书给大家看，用开饭时间给大家读报，宣传党的政策和国内外大事；文化学习时，他主动担任兼职教员，在业余时间备课，批改作业；连队开展文娱活动，他教大家唱歌。对雷锋同志来说，只要对党、对人民、对同志有利的事，他都热情地去做。战士乔安山的母亲病了，请假回家探亲，他从银行里取出自己的存款，还买了一包饼干，一齐交给乔安山，并送他到火车站。乔安山同志全家都非常感动。一个星期天，轮到他休息，他自己的事一点没做，却给班里的同志洗了五床褥单，帮一个战士补了一床被子，帮炊事班洗了600斤大白菜，还打扫了室内的卫生。一次他去火车站帮忙，正好一列火车进站，他看见一位老太太包袱重，走得慢，急忙跑过去，接过老太太的包袱扶她上了车，找了座位。车开走了，他又到候车室扫地，给旅客送水。有一天，他出差到沈阳换车，看到一位从山东去吉林探亲的中年妇女，她的车票和钱丢了，心里很急。他二话没说，掏出钱给她买了车票，并送上了车。当这位妇女问他的名字和住址时，他说："我叫解放军，就住在中国。"有一次，他去沈阳出差，在去车站的路上，看见一位赶火车的妇女身上背着孩子，手里还拉着一个小女孩，在大雨中艰难地走着。他急忙赶上去，脱下自己的雨衣，披在那位妇女身上，又背起小女孩，陪同她们母子上了火车。上车后，他看到小女孩冷得打战，又把自己的绒衣脱下来，给小女孩穿上。到沈阳后，雷锋同志又把她们母子三人送到家里。

雷锋同志十分关心少年儿童的成长，在担任驻地附近小学少先队辅导员时，经常利用节日、假日和休息时间，给孩子们讲自己悲惨的童年和革命故事，教育孩子们从小树立为人民服务的思想，做共产主义事业的接班人。

雷锋同志说："自己辛苦点，多帮助人民做点好事，这就是我最大的快乐和幸福。"他没有做出什么惊天动地的伟业，所做的都是一件件平凡的事情。但就在这些平凡的事情中，却表现了他那高贵的革命精神和共产主义品德。党组织及时表扬他，给了他应得的荣誉。他入伍不到3年，荣立二等功一次，三等功两次，被评为节约标兵，荣获模范共青团员称号，出席过沈阳部队共青团代表会议，当选为抚顺市人民代表。但他牢记毛泽东同志“虚心使人进步，骄傲使人落后”的教导，始终谦虚谨慎。他在给一位同志的信中说：“我的一切都是党给的，光荣应归于党，归于热情帮助我的同志们。至于我个人所做的工作，那是太少太少了。我这么一点点贡献，比起党对我的要求和期望还是很不够的……”“我决心继续努力，忘我地工作，好好地学习，时刻准备着为党和阶级的最高利益贡献自己的一切，直至最宝贵的生命……”

雷　锋

1962年8月15日，雷锋同志出车回来，不顾疲劳，把车开出车场进行清洗。他站在泥泞而狭窄的路上指挥助手倒车时，不料汽车拐弯打滑，被后轮碰倒的一根木杆子砸伤头部，当场晕倒，经急救无效，不幸牺牲，年仅22岁。

雷锋同志是中国共产党的优秀党员，平凡而伟大的共产主义战士。他的一生虽然是短暂的，却为我们树立了一个革命战士的光辉榜样。他的革命精神和共产主义品德，将永远铭记在人们心里，激励人们前进。党和人民给予他很高的评价。毛泽东同志于1963年3月5日，亲自题词号召：“向雷锋同志学习。”刘少奇同志写道：“学习雷锋同志平凡而伟大的共产主义精神。”周恩来同志的题词是：“向雷锋同志学习爱憎分明的阶级立场，言行一致的革命精神，公而忘私的共产主义风格，奋不顾身的无产阶级斗志。”朱德同志也写道：“学习雷锋，做毛主席的好战士。”党和国家的许多领导人都题了词。为了纪念雷锋同志，1963年1月7日国防部命名他生前所在的班为“雷锋班”，他所在的公社改名为雷锋公社，并修建了纪念馆。

学习雷锋运动的广泛开展，在全国人民特别是在广大青少年中产生了深远的影响。

四、贺龙英雄世家忘我卫国事迹

抗日战争爆发后，国共两党建立了抗日民族统一战线。1938 年 1 月，贺龙去洛阳参加第一、第二战区将领会议，蒋介石会见与会的八路军将领时，曾单独假惺惺地问贺龙："你家里还有什么人?"贺龙听了仇恨满胸，强压怒火回答："你们把我家的人杀光了，房子也烧了，连祖坟也给你们挖了!"蒋介石当场闹了个大没趣，红着脸一句话也说不出来。

贺　龙

是的，贺龙一家为了推翻压在中国人民头上的"三座大山"，全家 9 口人中有 8 口献出了宝贵生命，只有贺龙一人是幸存者。

1920 年，贺龙带着一支"护国军"驻防桃源。为了能得到上级配发的枪支弹药，他委托父亲贺仕道带着 15 岁的弟弟贺文掌，到澧州给镇守使送厚礼。这一行动被仇人谷膏如探知，勾结土匪在中途伏击，贺仕道被打死，贺文掌被抓不久，也被放在甑内活活地蒸死了。

贺龙年迈体弱的母亲王金姑(也叫王五妹)，本是个善良俭朴的农家妇女，听到丈夫和儿子被害的消息，怒火心头燃，她忍无可忍地对女儿们说："官府不把我们当人看，我们何必再等死!我活了 50 多岁了，还活 50 多岁吗?干啊!哪个说骒马不能上阵，女人打出去的枪子也一样死人，只好与他们枪口对枪口地干了!"她毅然走出家门，带着女儿们一起和反动派干开了。后来，她被敌人折磨而死。

贺龙的大姐贺英（也叫贺民姑、贺香姑），敏慧、娇憨，少时跟父辈学了一身好武艺，为的是不受人欺凌。有来犯者，棍棒相对，三两强汉，难以近身。自从她在家乡拉起一支劫富济贫的武装后，更是飒爽英姿，杀得敌人胆战心惊，队伍不断扩大。贺龙到湘西建立红军之初，就是她送给贺龙20多条步枪做老本，使他逐步打开了局面。不久，贺英被任命为湘鄂西边区游击司令员。在一次战斗中，贺英和早已参加革命斗争的贺龙二姐贺五妹，因弹尽一块被捕，惨遭敌人杀害。

贺龙的大妹贺满姑，大革命时就参加了农民协会，带头打土豪，斗劣绅；大革命失败后，她继续从事秘密农会活动，组织农民武装同敌人开展枪口对枪口的斗争。后来，贺满姑落到了反动派手里，敌人用重金引诱她，严刑拷打她，都未摧垮她对革命忠贞不贰的坚强意志。最后，在敌人的刑场上，她还在大义凛然地说："天生我31岁天未亮，再过31岁满天光！"对革命充满了必胜的信心。

此外，贺龙的三姐贺三妹，幺妹贺绒姑（也叫贺芸姑），也都积极参加了当时的革命斗争，为打倒反动派到处奔波，做了大量的工作。后来，她们因惨遭敌人折磨成疾，时间不长，也先后离开了人世。

五、华罗庚忘我治学

1985年6月12日下午4时许，华罗庚来到日本东京大学，发表题为《在中国普及数学方法的若干个人体会》的演讲。74岁的华老显得格外兴奋，对于他的生动的演讲，听众反应强烈。5时18分，华老讲完了最后一句话，人们报以热烈的掌声。就在这时，华罗庚教授倒了下去，日本数学会和东大数学科准备的一束鲜花也没来得及献到华老的手上。

华老患的是急性心肌梗塞，这已是他第三次犯病了。医生当场进行抢救，日本急救队火速赶到现场。华老处于昏迷状态，心脏已停止跳动。东京大学心脏病学权威杉木教授闻讯赶来指挥抢救，并亲自做人工呼吸。现场抢救持续了约半小时，但无复苏希望。医学专家和抢救人员决定把华老送到东京治疗心脏病最有实力的东京大学附属医院。尽管进行了全力抢救，使用人工呼吸和心脏起搏器两个多小时，但华老还是没有血液循环，心房也无收缩力。10时09分，医院不得不沉痛宣布，华罗庚教授不幸逝世。

华罗庚

“求实以终”——这是华罗庚一生的格言。华老的长女华顺在东京对记者说，父亲有一种为国家而拼命的精神。他1963年就患了冠心病，然而，他并没有考虑自己的安危，即使在病床上，也在埋头苦干。他曾写信给毛主席说：“我不管在哪儿，也要工作到底。”

十一届三中全会后，党的知识分子政策使华老焕发出青春。1982年4月，胡耀邦同志在给华老的信中借用古代巴比伦人建造“通天塔”的神话故事，勉励中国科学工作者齐心协力、团结一致，为建造中国的“通天塔”而英勇献身，希望更多的科学工作者投身到新技术、新工艺攻关的行列中去，从而推动我国的四个现代化前进。这更激起了华罗庚为建造“通天塔”添砖加瓦的决心。他常说：“我有效的时间只有5年，加起来只有两千天。”为了抢时间，他常常工作到深夜。由于这种拼命精神，华老于1982年11月心脏病复发。原定这年的访日行程也未能成行。

1985年3月26日，香港记者在采访华罗庚时问：“华老，您本人现在最大的愿望是什么？”他不假思索地答道：“我本人最大的愿望是工作到最后一天。”记者又问：“听说您已退休了，您现在做些什么工作？”华老侃侃而谈：“作为一个共产党员，本来没有什么退休可言，只是在形式上，到了一定年龄，组织上考虑让少做些工作，但从思想上不应该退休……我一直在考虑的是，怎样把数学应用到经济、技术中去。”

据同华老一起访日的陈德泉副教授和随行人员介绍说，华老总是提倡苦干和不说空话的实干精神。几年内，他在国内跑了26个省市，到了几千个工厂，还访问了英、法、美、西德等国，广做调查，广交朋友。他认为：“多了解考察国内外的情况，比空洞地提见解好。”1984年7月他从美国提前回国，便冒着三十八九度的酷暑去湖南长沙做经济数学报告，推广优选法和经济数学。从湖南回京后，他又去哈尔滨，到工厂考察玉米加工社会大统筹。他视察了玉米加工厂，同工人、技术人员进行座谈。接着，他又到了呼和浩特，参加准噶尔露天煤矿的开发咨询论证会议和内蒙古西部地区重化工基地咨询建议会议。回到北京已是11月，华老不顾严寒，又去大庆对五千万吨原油稳产规划进行咨询论证。12月，他赴深圳参加中美国际工程公司成立大会，一路上还考察了许多地方。会议结束后，他应邀去香港中文大学进行学术交流，回程经广州、南京到徐州，参加中美国际工程公司的顾问会。1月14日，他去郑州参加中日优选法统筹法与经济数学研究会第二次代表大会，春节前夕到广州视察统筹法优选法的落实情况。5月，华老再赴广州、珠海、深圳考察，并参加国际工程公司开业典礼。

在此期间，他还要不断从事数学理论的研究，工作十分辛苦劳累。家人劝他休息，他总是说："我哪有时间呀，时间已不多了。"

华老十分重视培养年青人。他一直在考虑同一些单位和高等院校联合招收研究生的办法，以加速对年轻人的培养。

一颗数学巨星殒落了。华罗庚教授不是死在病榻上，他像一位英勇无畏的战士，倒在奋斗毕生的数学这个哲理深奥但又应用广泛的战场上。华老实践了自己的诺言："壮士临阵决死……慷慨掷此身。"

诚信的品质

诚实守信的品质

诚信是一种责任，一种美德，一种力量。一个人只有真心诚意地待人处世，才能在社会上立足。诚实守信是做人的基本品质，是做人的基本要求，是每个人良好道德境界的前提，是人与人之间建立良好人际关系的关键。诚实守信对于一个人的成长及未来发展非常重要。从小老师就通过《狼来了》等故事教育我们要做一个诚实守信的人。一个人不诚实守信，缺乏对自己行为的责任感，就会在社会上四处碰壁。无论你有多大本领、多高能力，也难以为人所用。孔子曰："人而无信，不知其可也。"朱熹认为："诚信是做人立德的根基，是人格修炼的起点。"人要立足社会，必须从讲诚信做起，心里有诚意，你就会说出有信用的话，做出有诚信的事。

所谓诚信就是诚实、不虚假、讲信用，忠诚老实的意思。这是做人的基本准则，也是中华民族的优良传统。中国宋朝一个叫查道的读书人，有天和仆人挑一些礼物去亲戚家，因忘记带午饭，半道上两人都很饿。仆人建议将礼物拿一些来吃。查道说："那怎么行呢，这些礼物既然送人，便是别人的东西了。我们怎么能偷吃呢？"两人只好饿着肚子赶路。走着走着，前面出现一个枣园。枣树上挂满了熟透的枣子，个个红红的，招人喜爱。查道和仆人本来就饿得难以支撑，又见这样好的枣子，便停下来吃枣。事后，查道将钱挂在树上。仆人问："枣园主人既然不在，何必认真？"查道说："无论主人在不在，我们吃了人家的枣，当然应当给钱。"于是主仆两人继续赶路了。这个故事教育我们，无论做什么都要忠诚老实，言行一致，才能培养刚直不阿的崇高品德。

诚实守信，似乎并不难做到，但在当今能坚守诚信并将其发扬的人已越来越少了。在金钱、物质、利益驱使下，一些人已无情地将诚信丢弃一旁，追逐名利，成为了他们人生新的目标。由于缺乏社会信用体系，人与人之间已出现严重的信任危机。诚信是最起码的为人道德，"人无诚不立"。

诚实守信的美德故事

一、诚实守信的第五伦

东汉时期有个著名的贤臣，名叫第五伦（复姓第五，名伦）。

第五伦出身很贫贱，后来被东汉的开国君主光武帝刘秀看中，提拔他做了官。由于他勤勉诚实、政绩突出，所以不断受到提升，到汉章帝时，已经做了大司空（官名），名列朝廷"三公"之一。

第五伦为官以清廉无私著称，他在会稽郡做太守时，曾经采取有力的措施打击豪强贵族，查禁骗人害命的巫师。当时，有不少人私下给他送礼，或者托人疏通，想让第五伦对他们手下留情。可第五伦不仅拒绝收礼、领情，还把那些送礼的人公布出来，加倍处罚。他做了多年太守，仍然是两袖清风，家里没有多少值钱的东西，连他穿的内衣都是打过补丁的。因此，当地的百姓都十分爱戴他，当他调任离开会稽时，百姓们都跑来苦苦挽留，洒泪相送。

第五伦做朝廷大臣后，仍然保持着忠正无私的性格。他敢于伸张正义，从不徇私情、受贿赂，也从不惧怕权势。他曾经一再上书皇帝，斥责气焰嚣张、骄奢淫逸的外戚，要求限制他们的权力。这一下，可捅了马蜂窝，外戚们串通一气，对第五伦等忠直大臣进行报复。他们还在皇帝面前诬陷第五伦，说他诽谤皇亲，蔑视天子。

有一次，第五伦的一位好朋友无意中犯了法，外戚们都嚷着要定他的死罪，想看看第五伦会不会徇私情，保护他。这位朋友的家人也来求第五伦去说情。第五伦诚恳地对朋友的家人说："若是平时，我可以与他生死患难，可是涉及国法，我实在是不能干预。"最终他也没有为这个朋友说一句情。

第五伦的儿子们见父亲常常在皇帝面前直言犯上，得罪权贵，激怒皇帝，害怕父亲总有一天要惹大祸，就都劝他说话小心，遇事不要太认真。第五伦不但不听，还把儿子们狠狠教训了一顿，说："我受朝廷的俸禄，担任着国家的要职，难道能为了保全自己的私心而不说实话吗？"

日子一长，天下的人都知道第五伦是个真正诚实无私的人，把他当作榜样来学习。可是，第五伦自己却并不认为自己做到了真正的诚实无私。

有一回，一个大臣当着众人奉承第五伦说："第五大人是当今天下最无私的人，可以和古代的圣贤相比。"

第五伦对这种奉承很反感，他严肃地对他说："谁说我毫无私心，我以为天下根本就没有这样的完人。我只不过是小心翼翼地为国家尽心尽职，不敢有丝毫的怠慢罢了。比如说吧，那次有人献给我一匹千里马，我虽然没有接受，可我确实是很喜欢那匹马，以后我一看见人尉和司徒的千里马，心里就总有点羡慕，后悔当初没有接受那匹马。还有一次，我的侄子得了重病，我一天连着探望了多次，可是一回到家就躺下睡着了。而我儿子病的那次，我虽然没顾上在家守护他，心里却老惦念着，没法专心办公事，晚上也一直睡不安稳。由此看来，我是完全无私的人吗？一个人不可能没有私心，关键在他会不会为了私心、私情妨碍国家的公事。"

在场的一位大臣感叹道："凡是真正无私的人，反倒敢于承认有私；而那些一心为私的人，才会标榜自己无私啊！"

二、商鞅立木取信于民

商鞅接受了变法的任务，立即起草了一个改革秦国政治、经济的法令。但是怕秦国的老百姓不信任他，就想了一个办法来建立新法的权威。他在新法公布之前，先叫人在都城的南门立了一根木头，下令说："谁能把这根木头扛到北门去，就赏10两金子。"

命令在南门一公布，立即围上了许多人。大家议论纷纷，有的说："这根木头也不重，谁都能从南门扛到北门，哪儿用得着赏10两金子？"有的说："官府说话常常不算数，也许是左庶长和我们开玩笑吧？"还有的说："这赏金来得太容易了，恐怕其中必定有名堂！"……议论来，议论去，就是没有一个人上去扛木头。

商鞅感到老百姓不敢扛木头，是不太相信他的命令，于是又宣布："谁能把木头扛到北门去，赏金50两。"这下子人群可骚动起来了，许多满腹怀疑的人更加不敢相信了，木头立在百姓面前，谁也不敢去扛。

正在这时，一个年轻的小伙子拨开众人向木头走去。他想："秦国从来没有重赏，新上任的左庶长下了这样一道命令，也许有新的变化，咱就扛它一下，看看到底怎么样。"他走到守卫在木头旁边的官吏跟前说："我来试试！"一边说，一边真的把木头扛起来，直向北门走去。人群呼的一下随着他涌向北门。守卫木头的官吏赶紧去报告商鞅。

不一会儿，那小伙子便把木头扛到了北门。这时商鞅已等在那里。小伙子刚把木头放下，商鞅当即就赏给他50两黄澄澄的金子，并当众庄严地宣布："百姓相信我的命令，我决不失信于民！"

商鞅立木赏金的事，立即传了开去，轰动了秦国。老百姓纷纷说："新上任的左庶长令出必行，说话算数，真不含糊！"

三、明山宾诚实不欺

明山宾，是南北朝时人。他家生活清寒。有一年春三月，正是青黄不接之际，灶底无柴，锅中无米，实在没有办法，只好忍着心疼把父亲留下来的一条黄牛牵到集市上去。

黄牛虽说略瘦些，外形却很齐整，一个买主看中了，几乎没有什么讨价还价的啰唆，就转手了，价钱还算可以。

山宾走出集市，边往回走，边盘算，这笔钱好好计算着用，度过春荒是不会有困难的了。

猛然问，他想起了一件事，急忙掉转身子跑回集市，寻到了买牛人，一把抓住衣角，请人家先别走。

山宾说："您别误会，我是专门回来实话实说的。这头牛，从前害过漏蹄症，虽然早已治好了，可是，使用过分劳累了，也许会复发的。这点，我必须向您说清。"

买牛人转了转眼珠，抓住山宾，说不该把病牛卖给他，要扣回一部分牛钱。

山宾毫不争执。他没有考虑这会影响家里生活安排，也没有顾及新的饥饿威胁，退给了买牛人相当多的一部分钱。

知道这事的人，都赞扬山宾的诚实不欺。

四、诚实的华盛顿

华盛顿

华盛顿是美国独立战争的领导者。这场战争胜利后，他就担任了美国第一任总统。他是美国人民尊敬的一位英雄。

华盛顿小时候是一个十分诚实、勇敢的孩子。有一次，他的爸爸送了一把弯柄的小斧头给他。他高兴极了，拿着斧头边走边挥舞，一直走到花园里，他想试试这把斧头是否锋利，便对准跟前的一棵小树用力砍去。"咔嚓"一声，这棵小树被拦腰砍断了。他高兴地弯腰捡起落在地上那一截。糟了！原来自己砍断的是爸爸最喜欢的那棵樱桃树！

华盛顿知道自己闯了祸，难过得哭了起来。但是他并没有逃离花园，而是低着头走到他爸爸的跟前，把事情的经过如实地全告诉了爸爸，并请求爸爸原谅。

他爸爸听了他的叙述，虽然为那棵心爱的樱桃树惋惜，但是他更为儿子的诚实、勇敢而感到高兴。他拍着华盛顿的肩膀说："孩子，你能承认错误，是一个正直的人。我不责怪你！"

五、他一定会来

斯大林同志很早就参加了革命活动。不久，沙皇政府逮捕了他，并把他流放到西伯利亚。

一天，被流放的革命党人召开一个秘密会议，请斯大林作报告。可是大家等了很久，还不见斯大林同志来。

人们焦急地望着窗外，只见通往村外大路上的积雪被太阳晒得融化了，想乘雪橇来是不可能的；再看看窗前那条河，冰已经很薄了，有的冰块开始浮动起来，踏冰来很危险。乘船呢，不但是逆水，船还有被冰块挤坏的危险。看到这些，有的人皱起眉头来，说："这样恶劣的天气，斯大林同志一定不会来了。"

斯大林

"他会来的！"一位同志坚定地说，"只要他说过'我要来'，那他就一定会来。"

忽然，窗外玩耍着的孩子们欢叫起来，焦急不安的人们从屋子里涌出来，跑向河边，只见河里有一只小船绕着弯，慢慢地冲开冰块逆水而来。斯大林同志穿着皮大衣，戴着皮帽站在船头，他嘴里衔着烟斗，不慌不忙地用竿子拨开船头的冰块。起初，大家有点不相信自己的眼睛，小船逆水怎么行走呢？人们走近河边一看，才明白原来是几只狗在岸上拖着船前进。

斯大林同志微笑着走上岸来，人们围在他身边，高兴地说："你比我们大家更会出主意，你是个勇敢的人！"

这个故事告诉我们：在人与人的交往中，要讲信义，守信用，说到做到。只有这样，才可以称得上是诚实的人。

六、最要紧的是诚实

司马池在宋朝时当了掌管图书、记录国家大事的官员。他有两个儿子，小儿子叫司马光。司马池为官清廉，在家是慈父又是严师。孩子们从小就受着良好的教育。孩子们对父亲是很尊敬的，有时做了错事，只要父亲指出来，他们便马上心悦诚服地认错。

司马光

一次，6岁的司马光在观看哥哥用石头砸核桃。哥哥想把核桃壳去掉，可是核桃壳又厚又硬，哥哥无论怎样砸，也不能把核壳砸开，一气之下，把核桃扔了。

他们家中的一个婢女，看到这种情况，一声不哼，取了一个核桃，拿到厨房，用滚烫的开水将核桃一烫，再用小刀轻轻一掀，壳就掉了。然后她把桃核交给了司马光。

司马光高高兴兴地拿着这个桃核跑了出来。

哥哥见了，好奇地问道："核桃壳是谁帮你去掉的？"

"我自己去掉的。"司马光调皮地撒谎说。

正巧，父亲司马池从外面回来，听了这话，他打听了情况，知道司马光撒了谎。司马池认为，孩子有了差错，要及时帮助纠正。小错误不改，将来会铸成大错的。于是，他把司马光叫来，严厉训斥他说："你为什么撒谎骗人？"

司马光听到父亲的训斥，知道自己错了，便低声回答说："我以后再也不敢撒谎了。"

司马池看到儿子能认错，很满意。他抚摸着司马光的头，意味深长地说："孩子呀，做人最要紧的是诚实。一个人不诚实，人家就不相信你。失信于人，就不会有威信，也就什么事情都干不成了。"

从此以后，司马光再也不撒谎了。在父亲的指教下，他努力学习，进步很快，后来成了一名伟大的历史学家。

勇敢的品质

顽强勇敢的品质

所谓顽强勇敢是指有胆量、有勇气，不怕困难，不怕危险的一种优良品质。这种优良品质并不是天生的，而是植根于人们对客观规律的正确认识的基础上，它包括三个方面：要有为正义事业奋斗的目的，要有大无畏的献身精神，要有理智、智慧的态度。三者缺一不可，当敌人举着血淋淋的铡刀时，年仅 15 岁的刘胡兰并未屈服；当敌人用尽酷刑、露着狰狞的面目扑向许云峰、江姐时，他们不屈服；当歹徒手持明晃晃的匕首面对银行营业员杨大兰时，她并未被吓倒；当徐洪刚一人面对四名歹徒的挑衅时，他挺身而出，毫无惧色。他们和战争年代为了新中国的未来而英勇献身的董存瑞、黄继光等，都具有为了正义的事业而表现出的大无畏精神——勇敢的品质。这种品质，激励着新一代青年为正义的事业，光明的未来而奋斗。还会有新的董存瑞、新的徐洪刚、新的杨大兰成为人们的榜样。

顽强勇敢的历史故事

一、智勇双全飞将军

李广历来被人们誉为“飞将军”。这“飞将军”并不是皇帝的封赐，而是他的敌人——匈奴将士给他起的绰号。

汉文帝时（公元前166年），匈奴单于率领14万骑兵，从北地郡（今甘肃庆阳西北）大举南下，很快攻克了朝那、肖关（今宁夏固原东南），其先头部队烧毁了汉朝回中宫（今陕西陇县西北），侦察骑兵逼近汉朝的甘泉宫（今陕西淳化西北），直接威胁着汉朝京城长安。

就在匈奴大举南下之际，李广以“良家子”从军抗击匈奴。在肖关，他射杀了很多匈奴骑兵，为此，文帝封李广为郎（皇帝的侍从）。这时候，他大约20岁。李广被称为“飞将军”，还得从景帝把他调到上郡担任太守的时候说起。

李广画像

上郡是汉朝和匈奴经常发生战事的地区。李广上任以后，景帝派了一名亲信宦官跟他练习与匈奴作战的本领。一天，这个宦官带领几十名骑兵离开大营，路上和三个匈奴人相遇。宦官自恃人多，就跟匈奴人打了起来。三个匈奴人射杀了很多汉朝骑兵，宦官也中箭逃回大营。李广认为那三个匈奴人是射雕能手，立即带领100多名骑兵去追赶，追了几十里才追上。李广一面命令骑兵包抄，一面盘马弯弓射死二人，剩下的一个也被活捉。正当李广把俘虏绑在马上时，忽见数千匈奴骑兵迎面驰来，并且迅速占领了附近的山头，摆开阵势。在这危急关头，李广镇静地对将士们说：“我们离开主力有几十里，现在敌众我寡，撤退只会被射杀。只要按兵不动，匈奴就会误认为我们是诱兵，不敢轻举妄动。”于是，李广命令大家继续前进，在距离匈奴阵地只有两里来路的时候，才让停下来。同时又命令“皆下马解鞍”。大家不解地说：“匈奴众多，发生紧急情况怎么办?”李广回答：“我们把马鞍卸下，叫他们知道我们决不后退，这样会造成敌人的错觉。”不久，匈奴军有一个骑白马的头目出来监护他们的骑兵，李广趁机率十数骑冲上前去，射死骑白马的匈奴头目，再返回原地解下马鞍，躺在地上休息。李广利用这种计谋，果然使匈奴以为这支小部队是汉军诱兵，没敢贸然出击。到了午夜时分，匈奴怕遭到汉军伏击，便全部撤走了。第二天一早，李广断定匈奴骑兵确已撤走，这才带领自己的人马返回大营。

经过这次较量，匈奴单于知道李广勇敢善战，当他于武帝元光六年（公元前129年）冬攻入上谷时，得知李广从雁门（今山西代县西北）出塞迎战，便决定集中优势兵力，沿途设伏，活捉李广。李广出雁门，便和匈奴主力相遇，寡不敌众，受伤被俘。匈奴骑兵把李广放在用绳索结成的网里，吊在两匹马中间，准备献给单于领赏。李广躺在网里，闭目盘算脱身之计。大约走了十几里路，他偷眼看见身边有一匈奴少年骑着一匹好马，李广猛然从网里跃上匈奴少年的马背，推下少年，夺了弓箭，向南疾驰。几百匈奴骑兵紧紧追赶，李广边逃边射，匈奴骑兵纷纷中箭落马。李广一气跑了几十里，追上了被打散的汉军，这才脱离险境，回到雁门。从此，匈奴将士皆知李广利害，就给他起了个绰号叫“飞将军”。

二、辛弃疾飞骑捉奸

辛弃疾是南宋著名的爱国词人。他青少年时期，家乡济南一带处于金国占领之下，他看到国土沦丧，民生凋敝，十分痛心，打算举行抗金起义。

为了掌握杀敌本领，辛弃疾刻苦练习剑法，特别注意学习骑术。他专门挑选烈性马匹乘坐练习，尽管一次次被狂暴的马甩落下来，但他不顾伤痛，毫不灰心，终于学得娴熟的骑术。

趁金国皇帝率兵南侵、后方空虚的时机，刚刚21岁的辛弃疾，组织了两千人的武装起义，并且主动与同时起义的耿京部汇合，辛弃疾奉耿京为首领，自己担任副手。

起义军中有个投机分子张安国，受了金国统治者的收买，无耻地叛变了。他趁辛弃疾到江南联络之机，煽动人暗中杀害了耿京，又用欺骗手段解散了起义部队，另外劫持一部分人随他投降了敌人。金政府封他济州知州。

辛弃疾完成联络任务，返回途中听到这一消息，怒火腾腾，再也按捺不住了。他马上组织一支50人的精悍队伍，扬鞭飞马，日夜兼程，直抵济州。叛徒张安国正在得意洋洋地阅兵，没想到辛弃疾神兵天降，在5万军兵之中如入无人之境，不禁惊得目瞪口呆。张安国的惊魂未定，已被辛弃疾生擒活捉过去，牢牢地捆在马上。辛弃疾大声宣布了叛徒的罪状，并号召1万多士兵反正了。辛弃疾带领他们飞速南移，很快渡过了淮河，安全地进入了南宋地区。罪大恶极的叛徒，得到应有的惩处。直到晚年，辛弃疾仍用悲壮词句，叙述这次豪举：壮岁旌旗拥万夫，锦襜突骑渡江初……

三、我自横刀向天笑

1898年9月21日，慈禧太后举行宫廷政变，扼杀了戊戌变法运动。政变发生的当天中午，谭嗣同正在自己的寓所里同梁启超苦筹办法。搜捕康有为的消息传来，谭嗣同态度自若，毫不慌张，他从容地对梁启超说："我们前几天想救皇上，既已无法可救；今日想救康先生，也已无法可想。现在我已无事可做，只有等待死了！"第二天，谭嗣同到梁启超当时避居的日本驻华使馆，把自己所著诗书文稿及家书一箱交给梁启超，要他逃往日本。梁启超反复劝谭嗣同一起出走，谭嗣同执言不肯，对梁启超说："不有行者，无以图将来；不有死者，无以酬'圣主'。"谭嗣同劝梁启超充当"行者"，以图变法事业之"将来"；他自己则甘当"酬圣主"的"死者"。

谭嗣同

政变发生后，谭嗣同也曾同大刀王五策划过劫救光绪皇帝，但未成事。其后，王五劝他出逃，并自愿充其保镖，谭嗣同却决心已定，拒绝出走，他取下随身所带的"凤矩"宝剑赠给王五，希望王五继承其维新事业，以实现其酬报"圣主"的遗志。后来，又有一些人劝谭嗣同出逃，都被他一一拒绝。他说："各国变法，无不从流血而成，今日中国未闻有因变法而流血者，此国之所以不昌也。有之，请自嗣同始!”他决心为变法流血，用自己的牺牲来唤起后来者的觉醒。

9月24日，谭嗣同在浏阳会馆的“莽苍苍斋”被捕。在狱中，他抚今追昔，神态自若，从地上拾起煤渣，在牢房的墙壁上欣然作诗：

望门投止思张俭，忍死须臾待杜根。

我自横刀向天笑，去留肝胆两昆仑。

汉朝的张俭和杜根，都因揭发朝中权贵或劝太后归权皇帝而遭打击迫害，他们吃尽苦头，但在当时就受到人们尊敬，死后更留下名声。谭嗣同自比张、杜，觉得扪心无愧。他态度从容，决意含笑就义。他又想到了康有为和王五，他们的“去”和自己的“留”，是肝胆相照的，犹如巍巍“两昆仑”，皆为顶天立地的人物。谭嗣同衷心祈愿这两位“生者”继续实现“死者”未尽的志愿。

9月28日，年仅33岁的谭嗣同慷慨就义。为了自己的理想，为了祖国的强盛，他献出了宝贵的生命。大刀王五亲自为他收尸，许多人作诗志哀。黄遵宪的挽诗写道：

颈血模糊似未干，中藏耿耿寸心丹。

琅函锦箧深韬袭，留付松阴后辈看。

松阴是日本幕府统治末期维新志士吉田矩方的别号，因积极主张革故鼎新而被幕府处死。黄遵宪把谭嗣同比作松阴，表示了极大的敬意。第二年，谭嗣同的骨骸被运回湖南浏阳原籍，筑墓于城外石山下。后人为了表示对这位维新志士的崇仰，在他墓前华表上刻下一副对联：

亘古不磨，片石苍茫立天地；

一峦挺秀，群山奔趋若波涛。

四、武则天勇降烈马

武则天是我国唐代一位著名的女皇帝。她在执掌国家最高权力期间，采取了一些开明的政治措施，促进了生产的发展和社会的安定。这里要讲述的，是武则天当政之前，在宫中勇敢降服烈马的一段故事。

公元628年，武则天14岁，由于她貌美多才，被唐太宗李世民选入宫中。武则天与家人分别时，母亲杨氏望着自己一天天养大的女儿，伤心得哭成了泪人。可武则天却神情自若地对母亲说："母亲不必如此忧伤，女儿能进宫中见皇帝是好事。"母亲见女儿态度如此平和，心中倒踏实了几分。武则天进宫后不久，唐太宗便立她为妃嫔，并赐号为媚娘。

武则天

也就在这一年，长安来了一位西域国派来的使臣，此人向太宗献上了一匹烈性马。由于这匹马常年驰骋在西北原野，性子像狮子一样凶猛，因此得名"狮子聪"。"狮子聪"进宫后，宫中不少马夫和驯马员想降服它，都被它一蹄子踢到老远。所以，这匹马进宫很长时间，仍是一匹谁也降服不了的野马。

消息传到唐太宗那里，一天，唐太宗率领一大批文官武将，亲自来到驯马场。他亲自观看了这匹烈马后，传出旨意：有能驯服"狮子聪"者，赐银千两。

重金之下必有勇夫。唐太宗的圣旨刚一下达，武将中立时站出了几位请令降马者。但很快，他们一个个都被"狮子聪"踢了回来。后来，将领中站出一位个头高大的人，此人据说曾降服过不少烈马。只见他望了一眼正在奔跑的"狮子聪"，然后猛地奔跑到烈马身旁，飞身跨上马背。那"狮子聪"刚刚还悠闲地跑着，猛觉有人上了背，顿时像是中了箭的狮子一样，双蹄腾空，纵身一跃，把刚刚上身的高大武将狠狠地摔出了一丈多远。在场的官员们见了，个个胆战心惊，谁也不敢再提驯马了。

这时，站在唐太宗身旁的武则天大胆地站了出来，她对皇帝说："圣上，不知小女子试试可否？"

"什么？她想驯马！"站在唐太宗身边的大臣，见武则天站出来要驯马，几乎同时要叫出声来。唐太宗也大为吃惊地对武则天说道：“你是一个娇弱的女子，怎么能降服得了这匹烈马呢？”

可武则天态度极认真地继续说道：“圣上，则天是女子不假，可女子不一定就是娇弱的，就是胆小的。我要用我的行动向圣上证实，女子也可以干男人能干的事情。”接着，她又请求太宗赐给她三件武器：一是钢鞭，二是铁锤，三是匕首。

唐太宗见武则天态度极自信，望着她不住点头，不过他不解地问：“降马用马鞭就够了，你还要那些铁器做什么？”

武则天回答道：“圣上，马是供人骑的。如果这马不让我上身，我就用钢鞭抽它；它不服，我就用铁锤敲它；它再不服，并且要伤人，我就用匕首宰了它。”唐太宗见她这样勇敢，就同意了她的请求。

片刻以后，马场上一片寂静，只见武则天很快换了衣服，她身着男装，腰间插着铁锤和匕首，手执钢鞭，英姿飒爽地出现在马场上。场内上上下下几十双眼睛紧紧地注视着这位胆大的女子，其中也有人心中暗暗替她担心。

又过了一会儿，武则天开始逼近烈马。这烈马，不知是因为方才有人招惹了它，现在还在生气；还是因为刚才它把一个个降马人摔出老远，取得了胜利，此刻还在得意，人们发现它此时比刚才更加骄狂，更会发威。它还没等武则天完全靠近，就蹶起蹄子，不断嘶叫。这时，只见武则天高举钢鞭照着野马“啪、啪”就是几鞭子。“狮子聪”没防备，顿时摇头摆尾，放老实了片刻。武则天也就趁这片刻，猛地抓住马的鬃毛，飞身一跃，窜上了马背。“狮子聪”哪里肯罢休，它故伎重演，前面双蹄不断高举，身子不断跳跃、扭动，想把这胆大的主人扔掉。只见武则天一只手紧抓鬃毛；另一只手迅速扔掉钢鞭，从腰间抽出铁锤，照马身就是一锤。这“狮子聪”挨过重鞭抽，可还没吃过这铁锤的滋味，它接连又跳跃了几下，见背上的人仍没有甩掉，哀嘶了一阵，只好乖乖地任人摆布了。

“狮子聪”被一位小姑娘降服了！在场的人们被武则天勇敢的举动震惊了，有的人情不自禁地为她喝起彩来。这时只见唐太宗缓缓起身，接过武则天手中的马缰，高兴地夸赞则天道：“爱卿的确是不凡的女子，胆识真是令人钦佩啊！”

五、刘伯承勇敢坚强免药刮肉

重庆临江门外，一个德国人开设的诊所里。沃克医生熟练地解开了病人右眼上的绷带，他怔住了，蓝色的眼睛里闪出惊疑的神情，冷冷地问：“你是干什么的?”

“邮局职员。”

“你是军人！”沃克医生一针见血地说，“我当过德军的军医，这样重的伤势，只有军人才能这样从容镇定！”

刘伯承

沃克换上了手术服，洗净手，戴上了消毒手套。这时护士跑过来，低声告诉他病人拒绝使用麻醉剂。沃克医生的眉毛扬了起来。二话没说，走进手术室，火腾腾地说：“年轻人，在这儿要听从医生的指挥！”

病人平静地回答：“沃克医生，眼睛离脑子太近，我担心施行麻醉会影响脑神经。而我，今后需要一个非常清醒的大脑！”

沃克再一次怔住了，竟有点口吃地说：“你，你能忍受吗?你的右眼需要摘除坏死的眼球，把烂肉和新生的息肉一刀刀割掉！”

“试试看吧。”

手术台上，沃克医生额上汗珠滚滚，护士帮他擦了一次又一次。最后，他忍不住开口对病人说：“你疼不过可以哼叫。”

病人一声不吭。他双手紧紧抓住身下的白垫单，崭新的白垫单居然被抓破了。

脱去手术服的沃克医生擦着汗走过来，由衷地说：“年轻人，我真担心你会晕过去。”病人脸色苍白，他勉强一笑说：“我一直在数你的刀数。”沃克医生吓了一跳，不甚相信地问：“我割了多少刀？”

“72 刀。”

沃克惊呆了，失声嚷道：“你是一个真正的男子汉，一块会说话的钢板！按德意志的观点，你堪称军神！”

“你过奖了。”

孤傲暴躁的沃克医生头一次显现出慈祥的神情，目视着病人说：“告诉我你的真名叫什么？”

“刘伯承。”

沃克医生肃然起敬：“啊，川东支队的将领，久仰久仰，认识你很荣幸。袁世凯悬赏 10 万买你的头哩！”刘伯承微笑着，友好地伸出手去。

六、郁达夫勇击“三白大亨”

20 世纪 30 年代，国民党“围剿”红军被击溃的残兵败将们，一到后方却变成了有功之臣，他们在医病期间，上戏院就白看戏，上酒楼就白吃酒，上妓院就白嫖妓。人们气愤地称这些家伙叫“三白大亨”。

1934 年初夏的一天，在浙江杭州市，一位人力车夫空着肚子，拉着一个伤兵跑了 20 多里，到达了目的地——一条街道的拐角处，那个家伙下车就走，车夫向他要钱时，他就破口大骂：“真是狗胆包天，竟敢向老子要钱，钱没有，只有拳头。”说着就对车夫毒打起来，旁边的行人敢怒而不敢言，眼睁睁看着人力车夫挨打。

郁达夫

恰巧在这时，刚从上海迁来杭州不久的作家郁达夫（1896～1945），准备去湖滨找郁风、王映霞等人一块游西湖，碰到了这个场面，他问车夫是怎么回事。车夫哭着诉说了事情的经过后，郁达夫气得怒发冲冠，指着那个伤兵的鼻子大骂：“你算中国人吗？你也吃饭吗？人家流汗出力把你从30里外拉来，你不但不给钱，还打得人家满脸是血，天下有这个理吗？”

“三白大亨”看到眼前这个人不过是个文弱书生时，气势汹汹地说：“什么理不理，老子生来就是这个样！”边说边操起手中的铁拐就对郁达夫说，“今天我倒要看看你小子长几个脑袋！”

郁达夫被他激火了，他左手趁势将铁拐一挡，右手对准那个伤兵的脸上猛击一掌，打得他差点跌倒，郁达夫又训斥道：“路不平，有人铲；事不平，有人管；下次改过，饶你不死！”

围观的群众看见郁达夫动了手，胆子也大了，一齐扑上前去，把那个伤兵痛打一顿，打得他连声告饶。看看打得差不多了，郁达夫使了个眼色，众人都各自散开。那个“三白大亨”真是挨了打也没认下人，警察赶到后他也说不出线索。应再给加个“白挨打”，叫他“四白大亨”了。

勤奋的品质

勤奋刻苦的品质

人在一生的学习中需要勤奋。勤奋是中华民族自古以来的传统美德，无数与勤奋有关的事例历来为人们称道，车胤“萤入疏囊”是勤奋，孙康“雪映窗纱”是勤奋，匡衡“凿壁偷光”是勤奋，苏秦“悬梁刺股”是勤奋，祖逖“闻鸡起舞”也是勤奋，勤奋使他们最终都成就了一番伟业。

中华民族一贯推崇的人生理想，是追求有所作为；看重的立身之本，是真才实学；认定的成才之路，是发愤学习。中国人重视读书、勤奋好学，已成为世代相传的优良传统。中国民间有许多关于学习的格言，如“少壮不努力，老大徒伤悲”、“书山有路勤为径，学海无涯苦作舟”、“活到老，学到老”等，也流传着很多古人珍惜时间、发愤苦读的故事。理学家朱熹曾说：“为学正如撑上水船，一篙不可缓。”这个比喻用得十分贴切。是啊，只有勤奋地学习，学业才会有所成。人要想取得成功也是如此，唯有勤奋，才可以打开成功之门。

勤奋是意志的坚实脚步。数学家华罗庚说：“勤能补拙是良训，一分辛劳一分才。”所有成功者的足迹都洒满了勤奋的血汗。不管多聪明的人，不管信心多大、意志多强，若没有勤奋的实际行动，一切都是空的。勤奋是长期的艰苦劳动，勤奋应成为青少年求知的优良品质和习惯。那种见异思迁的人，萎缩懈怠的人，不愿出力流汗的人，永远尝不到勤奋的甘甜。高尔基曾说："天才就是劳动。人的天赋就像火花，它既可能熄灭，也可能燃烧起来，而使它成为熊熊烈火的方法，只有一个，那就是劳动，再劳动。"也就是说，只有勤奋地工作，才可能成为天才。只有在注意身体的前提之下，勤奋地工作，才可能走向成功。

勤奋苦学的故事

一、学而不厌的孔子

孔子名丘，字仲尼，春秋时鲁国（今山东）人，是我国古代一位著名学者和大教育家。他多才多艺，学问渊博。孔子曾说自己"非生而知之者"，他的学问都是通过刻苦钻研得来的。

孔子从小就死了父亲，家境贫困，不能受到良好的教育，只好通过自修来求得学问。他从 15 岁起开始发愤读书，因为没有人教，在学习上碰到难题，就多方面向人请问。他请问过做官的人，也请问过普通老百姓；请问过白发苍苍的老人，也请问过头上梳两根小辫子的儿童。他说过："三人行，必有我师焉。"

孔子的学习兴趣很广，从不放过任何一个求知的机会，而且无论学什么，都要求个明白。他成年后，离家到各地去游历，开阔眼界，增长知识。有一次，他参加了一个太庙里的祭祀典礼，因为是第一次参加，样样都觉得新鲜，不停地向人打听。等到祭祀完毕，人们都要回去了，他还抓住别人的衣袖不放，非问个明白不可。别人看到他老是打破砂锅问到底，给他取了个外号叫"每事问"。孔子十分好学，他常说："在学习的时候，我从来不会感到厌倦。"一次，他向音乐家师襄子学弹琴，先学习一支曲子，练了十来天，还在不停地练。师襄子催了他好几回，叫他学习新的曲子，孔子都不同意。开始，他说还不懂技法；掌握技法后又说没体会出这乐曲的思想意境。后来，师襄子对他说："你已经弹得很有感情了，可以学新曲子了。"而孔子却说："我还弄不清作曲家的为人呢。"

孔子年老的时候，回到家乡从事编书和讲学工作。这时他的工作虽然很忙，仍然坚持学习。有一次，他得到一部《周易》。这是一本最难懂的古书，许多人都不敢去研究它。但是，孔子决心要读懂弄通。他把用竹木简写成的几十斤重的《周易》抱回家去，逐字逐句仔细阅读。一遍不懂，就读第二遍，还不懂就读第三遍。这样读来读去，因为读的遍数太多了，把串联竹木简的牛皮带子都给磨断了多次，换了多次新带子。最后，他到底把这部书读懂了，并向别人详细地介绍了这部书的内容。因为孔子读《周易》翻断了多次牛皮带子，后来的人就把这个故事编为一句成语，叫做“韦编三绝”（韦：熟牛皮。韦编：指用牛皮绳编联起来的竹简书。三：概数，指多次。绝：断），以此形容勤奋好学的精神。

二、诸葛亮草庐勤学

诸葛亮，字孔明，东汉、三国时期琅邪阳都县（今山东沂南县）人，是我国历史上著名的政治家和军事家。他的“明智”，一直被后人所传颂，甚至把他当作智慧的化身。

儿童时期的诸葛亮就失去了父母，跟随叔父避难到了荆州。17 岁时，他在邓县隆中（今湖北襄阳西）隐居下来。这时候，他生活清苦，住的是自己结的“草庐”，并且亲自耕耘，参加一些农业劳动。

诸葛亮像

诸葛亮在隆中一共隐居了 10 年。这 10 年隐居生活，为他卓越的政治和军事才能打下了良好的基础。他同知心朋友徐元直（徐庶）、石广元、孟公威等人一起，常常研习经史，谈古论今，品评人物。诸葛亮曾说过：“非学无以广才。”他读书很多，从儒家经典到历史著作，政治、经济、军事以至文学无所不读。为了进一步了解国内的局势，他还有意结交名人庞德公和他的侄儿庞统等，向他们虚心请教。正由于他谦虚好学，留心世事，又有“自比于管仲、乐毅”（管仲：春秋时齐国的相国，曾辅佐齐桓公进行政治和经济改革，使齐国成为诸侯霸主。乐毅：战国时燕国名将，多有战功，封昌国君）的雄心壮志，逐渐受到了人们的敬重，被称为“卧龙”。

公元207年，诸葛亮27岁。在朋友司马徽、庞统、徐庶的荐举下，刘备“三顾茅庐”，请诸葛亮出山，帮助其建立大业。诸葛亮深受感动，遂和刘备充分交换了对当时政局的看法，诸葛亮的见解，就包括在流传至今的“隆中对”中。这个对策包括四个方面：联合孙权，共抗曹操；占据荆州、益州，作为立国的根基；改善政治以及对少数民族的关系，稳定内部；分兵两路，进兵中原，直到兴复汉室。

刘备得到诸葛亮后“如鱼得水”，一切按照他的“对策”办，取得了一个又一个的重大胜利。特别是“赤壁之战”、“七擒孟获”，充分显示了诸葛亮的军事才华和政治干略。

三、牛背写字的陆羽

陆羽，字鸿渐，唐朝复州竟陵（今湖北天门）人。他是个弃婴，由和尚在河边捡来养大的。陆羽从小热爱学习，经常读一些孔、孟之书。陆羽没有父母之爱，从小在寺院里做杂工，整天打扫寺院和厕所，践泥抹墙、负瓦施屋等什么都干，还要放30头牛。尽管劳动繁重，陆羽却始终坚持读书，习字无纸，就用竹代笔在牛背上练习写字。寺院之中无书可读，他就到外边去借。有一次，他向一个读书人请教，并借得一本张衡的《南都赋》，真是高兴至极，然而不识其字，又不敢去问和尚，无师教授，只得偷偷地带着书，到放牛的山上去，翻开书硬看。后来还是给和尚知道了，就把他关在寺中，不准读书。从此，他只好用心默念，有时记不起来，想得直发呆。主人以为他在偷懒，就拿起鞭来抽打。陆羽对自己的处境非常担忧，只怕如此下去，岁月像流水一去不复返，不要说学习新的知识，就是原来学到的几个字也要忘光了，为此他难过得哭起来。后来，他为了获得读书的自由，断然逃出了寺院。

陆羽逃到一个戏班子里，一边演戏，一边读书，终于成为一个知识渊博的学者。当时官府曾多次请他做官，他都借故推辞，而一心闭门著书。陆羽一生著作很多，计有《君臣契》三卷、《源解》三十卷、《南北人物志》十卷、《茶经》三卷等。尤其是《茶经》一书，是世界上第一部关于茶叶生产的科学著作，对促进茶叶生产发展起了重要作用，至今在茶叶科技上仍有重要的参考价值。

陆 羽

四、王安石苦吟

王安石罢相去官，在京师闲居无聊，渐生思乡之情，便决定回江南探亲。他乘船行至与京口隔江相望的瓜洲时，船靠码头稍停。王安石走出船舱，伫立船头远望，但见春风绿野，江水悠悠，到钟山只有数山之遥了，他恨不能即刻与家人团聚。眼前的春景，心中的亲人，引起王安石思绪万千，他回到船舱，即兴吟成一绝，题名为《泊船瓜洲》：

京口瓜洲一水间，
钟山只隔数重山。
春风又到江南岸，
明月何时照我还？

写完之后，王安石捧起诗稿，吟诵一遍，觉得“春风又到江南岸”一句中的“到”字似乎太死，诗味不浓，显不出春到江南的景象。于是他提笔把“到”字改为“过”字，又吟诵一遍，仍觉不妥。“过”字虽可表示出春风一掠而过的动态，却表达不出自己思归的急切心情，便又圈去了“过”字，写上了一个“入”字。春风已入江南，老夫何时还乡？这个“入”字衬托出了自己急于回金陵的心情，可是仍然没有写出江南的动人景象。他又将“入”字换成个“满”字。“满”字也不好，缺乏色彩，因此又圈去了这个“满”字。王安石反复琢磨，苦吟不已。到底用什么字才能既道出自己思归的急切心情，又把江南生机勃勃、春意盎然的景象描画出来呢？他苦思再三，一连换了十几个字，都不理想。

王安石只好又来到船头，观赏风景。那茫茫碧水，阵阵和风，使他精神为之一爽，猛地想起了王维的诗句：“春草年年绿，王孙归不归？”他心胸豁然开朗：触动我思乡之情的不正是这个“绿”字吗？“绿”字，色彩鲜明，充满活力，道尽了我眼前的景色和心中的情感。真是一字之功，顿使全诗皆活了。想到这里，他喜不自胜，急忙奔回船舱，在被涂改多次的那个字旁边，重重地写了个“绿”字，于是就有了脍炙人口的《泊船瓜洲》：

京口瓜洲一水间，
钟山只隔数重山。
春风又绿江南岸，
明月何时照我还？

五、苏东坡日日学习

苏东坡像

苏东坡既是一个刚正廉洁的清官，又是一位著名的文学家。他在被贬职到黄州做官时，公务繁忙，仍坚持勤学苦读。

一天，黄州教谕朱司农去拜访他，在客厅里等了许久，他才从书房里走出来，很抱歉地拱手道：“刚才正在完结一些日课，劳你久等了。”

司农感到不解，问道：“什么日课？”

东坡笑答：“抄《汉书》。”

司农感觉奇怪：“先生之才，过目

不忘，何须手抄呢？”

东坡解释道：“我读《汉书》，至今已手抄三次了，初次抄一段，以三字为题，次则两字，现已一字。”

司农又问：“不知先生肯否赐教？”

东坡叫人拿来一本《汉书》递给司农，诚恳地说：“请你试举一字考问。”

司农试问了几次，东坡按字背诵，一字不差，司农佩服得五体投地。

朱司农回到家里以后，心里始终不能平静，深为苏东坡的精益求精的学习精神和顽强毅力所感动。他教导儿子说：“苏东坡学问高深，还如此争分夺秒，抓紧时间苦读勤学，何况我们这些人呢！”

六、丰子恺学习外语

我国著名的漫画家丰子恺（1898～1975），是浙江桐乡人。他曾于1921年去日本，回国后在上海、浙江、重庆等地从事美术和音乐教学。五四以后，开始漫画创作，他的画造型简括，风格朴实。丰子恺还是一个文学家和音乐教育家。后期他常作一些古诗新画。著有《音乐入门》和《缘缘堂随笔》等著作。

丰子恺

说来有趣，丰子恺还懂外文。这全是自学的结果。他为自己规定：每篇课文都读22遍；第一天读第一课10遍；第二天读第二课10遍；第一课5遍；第三天读第三课10遍，第一课、第二课各5遍；第四天读第四课10遍，温习二、三课各5遍，再读第一课两遍。这样，每一课分4次读完22遍，随后写上一个22画的繁体“读”字作为记号。他就是用这种方法学习外语的。几个月后，就能看外文的长篇小说，还能搞翻译。学会外文后，他翻译了大量的外国文学作品，如《西洋画派十二讲》、《猎人笔记》、《源氏物语》等。正是因为勤奋，丰子恺才取得了这样骄人的成绩。

吃苦的品质

吃苦耐劳的品质

吃苦耐劳是任何一个成功人士都不可或缺的重要品质。离开它，再美好的愿望，再美好的事业都将难以实现。吃苦耐劳的精神是一种传统的美德，是一种高尚的品质。任何成功的取得都离不开这一重要而又宝贵的因素。为此，培养孩子养成吃苦耐劳的精神，是促进孩子走向成功的关键。

首先，吃苦耐劳是一个人重要的优秀的个性品质 。几乎所有有成就的人都有吃苦耐劳的品质。人不经风雨哪能长大？没有吃苦耐劳的精神怎能立足社会？又怎能取得好的成绩？多少莘莘学子风里来，雨里去，使人在慨叹的同时，也感到欣慰，这些正在“吃苦”的孩子自己可能没有想到苦，但这绝对是一种锻炼。这种锻炼对他们的人生来说是一笔不可估量的财富。联想到那些怕孩子受累而花大钱把子女送往寄宿学校的父母，人们心中不禁会想：这些父母也许有钱，但父母的这些行为不见得能把孩子培养成创造财富的能手，因为他们可能经不起摔打，可能经不起挫折。许多家庭条件非常好的孩子，之所以厌学、逃学，就是因为没有吃苦耐劳精神。

其次，吃苦耐劳的品质是后天培养的 。吃苦耐劳的品质和天赋应该没有太多的联系。好吃懒做的坏习惯都是后天养成的。因此，培养孩子吃苦耐劳的品质实际上需要从小开始。父母在这方面常犯的错误，往往有两个方面：一是不给孩子锻炼的机会，事无巨细，恨不能让他“饭来张口，衣来伸手”；二是一旦吃点苦，孩子自己还没什么感觉时，父母已经感到受不了了。曾经有一年，某教育电视台的某个栏目在外地组织了一次孩子的活动，可组织得不十分理想。得到消息的家长便拼命往栏目组办公室打电话，有位母亲在电话里言词激烈，说孩子受了天大的委屈，她要告到上级部门，甚至法院等。其实，关心孩子是对的，可从教育孩子的角度说，碰上这样的机会，只要孩子不生病，不受伤，任活动怎样安排，对孩子都是一种极好的锻炼。可惜的是这位母亲和其他家长不懂这些。实际上，做父母的只要细细回忆或回味自己的成长过程或孩子的成长过程，总能找到孩子不怕吃苦的影子。

如果一味地娇生惯养，使孩子吃不得一点苦，受不得一点委屈。那么，谁也保不准孩子在十几年的寒窗苦读中一帆风顺，哪怕在学习上遇到一点点挫折，都可能使他们产生厌学情绪，对人生的健康成长造成阻碍。如今的青少年大都是独生子女，他们从小就生长在温室里，组织他们参加各类有意义的实践活动，不但可以使他们得到劳动锻炼，更重要的是对他们吃苦耐劳精神的培养，使他们今后走好人生的每一步，成为社会主义建设的栋梁之才。

尽管我们的生活一天比一天好起来，但吃苦耐劳并非只有在生活艰苦时才能表现出来，吃苦耐劳更多的是一种精神，无论何时何地，我们都必须拥有这种精神。吃苦耐劳，说小点是为了自己的生存着想，没有吃苦耐劳的精神，我们将如何去面对竞争日益激烈的社会？往大点说，吃苦耐劳是立国之本，也是良好民族素质的表现。

吃苦耐劳，是一个人的基本素质和必备美德，永远不会过时。我们希望青少年朋友们要有计划地多参加一些劳动实践活动，学生和家长也要端正态度，积极参加，使青少年吃苦耐劳的意志不断增强，吃苦耐劳的精神不断升华，这既有益于自身，也有益于社会，更有益于未来。

艰苦朴素的中华佳话

一、大禹治水

上古，虞舜做首领的时候，在我国发生了一次特大的水灾。

洪水泛滥，犹如脱缰的野马，四处奔腾，淹没了平地，冲毁了房屋庄稼。

为了制服白茫茫的洪水，人们推荐一个叫鲧的人来指挥治水。

鲧很认真地工作了几年，辛勤劳累，但因没有了解洪水的特性，方法不对，所以没有取得成效。

鲧死的时候，悲伤地叹道："没有治服洪水，我死也不甘心啊!"

鲧的儿子叫禹，他了解父亲的遗志，望着痛苦死去的父亲，说："我不信治服不了洪水！我一定继承父亲的遗志，治服洪水，为民造福!"

舜得知禹有决心治水，而且他确实很能干，就对他说："禹，去吧，带领人们去战胜洪水!"

禹认真听取别人的意见，总结父亲多年治水的经验，决定废除"堵"的办法。"堵"的办法是修起土坝，截住洪水，结果水越堵越聚，越聚越大，最后冲垮了大坝。总之，堵住了这一处，冲坏了另一处。

禹对大家说："我们除了'堵'，'还要导'，就是疏导，把水想办法引到大海里去。"

大家听了，觉得有道理，一致赞同："对呀！就这样干!"

禹率领大家挖沟修渠，把水从高处引向低处，让它们向东方大海的方向流去。

禹为了百姓能过上平平安安的日子，他与无数治水的伙伴一样，穿着破旧的麻布衣服，干活、流汗，不怕苦和累。

天长日久，他的腿被水泡肿了，腿上的汗毛脱光了，双脚的脚趾泡烂了，脚指甲都掉了。

禹有两次路过自己的家门口，都顾不上回家看看妻子和孩子。

伙伴们劝他说："禹，回家看看吧！"

禹擦擦脸上的汗水，说："前面有好多事急着去做，大水无情，耽误不得，来不及进家了。"

说罢，他回头张望了一下，就带领大家向新的工地走去。

过了几年，禹率领治水的伙伴们又一次路过家乡。

同伴们指着禹的家，说："禹，这次路过你的家，回去看看妻儿吧。"

还有人提醒说："禹，你别忘记，你是婚后第四天就离开家的，听说你的孩子都长大了，至今还没见过父亲呢！"

禹抬头望望乌云密布的天空，一场大雨即将来临，他想了想说："看，大雨又来了。治水要紧，我们还是快走吧！"

人们都十分感动，说："禹，难道你不要家了？"

禹笑了笑，说："家，我是早晚要回的。那时，是咱们大功告成的时候！"

禹三过家门而不入的事迹，传遍了东西南北。这极大地鼓舞了人们治服洪水的决心。

13 年过去了，洪水终于被制服了。

大水退去，田地又出现在人们的眼前。禹说："乡亲们，大家再接再厉，重建家园。"

在禹的领导下，人们垦荒耕种，种植树木庄稼，开始了新的生活。

大禹这种艰苦奋斗、不怕吃苦的精神值得后人学习和借鉴。

二、晋文公暖不忘寒

公元前 654 年前后，晋国发生了内乱。有小人诬告晋献公的儿子重耳（后来的晋文公）。晋献公听信了谗言，误认为重耳有篡权之意，于是下令将重耳捉拿杀掉。重耳为了活命，连夜带着亲信家臣逃出晋国，开始了他漫长的 19 年的流亡生活。

重耳在外流亡期间吃尽了苦头。这一年，他们逃亡到了翟国。一天，从晋国跑来了两个告信人。这两个人神色慌乱，他们一见重耳的家臣狐偃，便急如星火地告诉他：晋国国王已派人奔向翟国，他们打算秘密杀掉重耳。时间紧迫，重耳得到此信后，急忙启程投奔齐国。可当大家慌慌乱乱赶到半路时，才发现管财物的家臣头须趁着大家慌乱时，带着钱财逃走了。重耳一行中，再也没有一个人身上有半文钱财。没办法，大家只有忍着饥饿，翻山越岭，向齐国奔去。

后来，大家饿得实在走不动了，重耳饿得也眼前发黑，他挺着身子硬走了几步后，终于一头晕倒在路旁一棵大树下。这时老臣赵衰见重耳饿得实在难以支撑了，就拎着一只竹筒，一瘸一拐走上前来，劝重耳把竹筒中讨来的一点剩稀饭喝掉。重耳睁开眼睛望了一眼稀饭。他真想把眼前这"救命的宝贝"一口吞掉，可当他的目光落在周围所有人那焦干的嘴唇上的时候，便打消了自己独食的念头。他让赵衰到河边取点水来，把稀粥再调稀些，然后大家一同分享。过了一会儿，老臣狐偃率人挖了些野菜，重耳又和大家一起把野菜吃掉了。就这样，重耳和大家一路上半饥半饱，历尽千辛万苦，终于到达了齐国。

后来，重耳又流亡到了秦国，做了秦穆公的女婿。公元前636年，秦穆公决定出兵推翻晋国国君，让自己的女婿重耳回国做国王。这天，天气格外晴朗。秦国的大军浩浩荡荡来到黄河渡口。渡河的船只早已准备停当。秦穆公把军队分成了两部分：一部分随公子重耳过河；另一部分自己带领，驻扎在河西以便接应。重耳望着眼前护送自己过河的秦军，想起自己在外流亡19年，今天终于要回国执政了，内心无比激动。他跳上船后，与秦穆公道了别，便急切地命令手下人迅速渡河。

可他的命令下达了好长时间，船队依旧纹丝不动地靠在岸边，他有些生气，恼怒地喊着："为什么还不开始渡河！"

"公子，壶叔那儿还得等一会儿！"一位家臣答道。壶叔是重耳手下专管行李的家臣，这些年来，他随公子逃难到过许多地方，受过不少磨难，也挨过不少饿，受过不少冻。正因为这样，壶叔很懂得过日子要节俭。此时他正把重耳逃难时穿的旧袍子、旧衣服、旧鞋帽，等等，一件件都洗干净，并包成大包小包，准备全都带回晋国去。甚至重耳早上刚刚吃剩的冷饭，壶叔也亲自晾干，装好，让人把它拿到船上，带回晋国。

重耳见壶叔这么长时间还没安排利索，心里很着急，于是他便下船向壶叔所在的行李船走去，想亲自看看壶叔到底在磨蹭什么。

他刚一走近行李船，就见船上摆满了一些破破烂烂的大包小包，心里忍不住发笑，他对还在往船上装破包袱的壶叔说：“壶叔，你也太小气了！咱们这回不再是去逃难了，咱们这次是回家。我要当国君了。你想想看，我做了国君，要什么就会有什么，你还装这些破破烂烂的东西做什么？”说完，他不等壶叔说什么，一挥手，命令手下人不要再往船上装了，并且叫人把已经装上船的破破烂烂，赶快拿下来，扔到河里去。

“公子，您说什么？”壶叔见公子这样不爱惜东西，十分恼火，他毫不客气地冲到重耳面前，指着公子的鼻子大声责备道：“公子，这些东西并不是废物，它们陪伴了您将近19年啊！您难道忘了，您在流亡中几次差点饿死、冻死，正是这些今天看来是破破烂烂的东西，一次次和您一起度过了难关。现在这些东西还能用，您怎么可以吃饱了就忘了饥饿，穿暖了就不管寒苦的时候了呢？公子，您不能随便将这些东西扔掉！”

壶叔的话说得句句在理，但此时重耳回国心切，根本听不进壶叔的话，依旧挥挥手说：“啰唆什么，壶叔！我说不要这些破烂，就不要这些破烂。”说着，依旧让人往下扔。

重耳与壶叔的这段对话，全被站在一旁的老臣狐偃听到了，他见重耳今天如此大手大脚，还不听规劝，心里很伤心。他想：公子的建国大业才刚刚开始，就摆出如此浪费的阔家子派头，这哪里有一点干大事业的样子。想到这，他便捧着一块秦穆公送给他的白玉，来到重耳面前，痛心地说：“公子今天就要渡河为王了。现在河对岸就是我们晋国，在国内您可以有不少愿意为您帮忙的新大臣。我看，我狐偃也像您要抛掉的破烂一样，随从您的日子也该结束了。现在奉上这块白玉，就算我们分手时留个纪念吧！”

重耳听了狐偃的话，先是很吃惊，继而认真思索起来。狐偃话中有话，他这是告诫自己：人的地位变好后，不能忘记过去的苦难及同甘共苦的朋友。想到这，他流着泪对狐偃和壶叔说：“你们责备得对。我重耳不该做暖而忘寒的事。今后也一定与大家有福同享。”说完，他忙命令兵士把丢到岸上的破烂全都捡回来，并对河发誓，一再表达悔改之意。

重耳回国后，做了晋国之君——晋文公。他一直没有忘记在黄河岸边的誓言，没有忘记壶叔和狐偃的教诲。他以节俭自励，兢兢业业，很快把晋国变成了一个强国，使它成为春秋五霸之一。

三、斛律光吃苦耐劳为人清廉

斛律光是我国南北朝时期北齐的一位名将。他从年轻的时候起，就投身北齐军队。由于他参军后，在军中表现出超凡的勇敢精神和杰出的军事指挥才能，所以，不久便被提拔为大将。

斛律光做了将军后，曾率领手下人多次征战沙场，无论是打击国内叛乱势力，还是抗击外强侵略，他从没有打过败仗。因而，他在百姓中有较高的威望，北齐皇帝也越来越宠信他。为此，他的官位一再升迁。

斛律光官位提升后，不骄不奢，在生活上十分注重节俭。他当了高官后，有人建议他置一所豪华的宅第。斛律光听后却摇摇头，说："我现在的宅所不是已经很好了吗？再造新的不是浪费吗？"

也有人见斛律光不造房，不买房，家中什么像样的东西也没有，就问他说："你现有的府邸虽说还算能将就住，可这宅中没有一点讲究些的家产，也显得主人生活过于寒酸了。"斛律光听到这些话后，也总是摇着头，笑笑说："蛮好，蛮好。我觉得生活寒酸些，蛮好。奢侈总是会让人丧失斗志。寒酸并不是坏事。"

斛律光生活节俭，不仅表现在他不置私产方面，他在平时生活起居及饮食穿衣方面，对自己也有严格的约束。他每日饮食总有节制，从不大吃大喝。平日着装又非常朴素，衣服质地一般，数量也很少。他的衣服除了平时必须有的三两套以外，再也没有什么多余的。他的妻子几次说要为他购置些像样的衣料，都被他拒绝了。

斛律光在做人上还追求为人正直。他在朝中做官时，凡见到不正确的东西，总能不顾个人利害得失，大胆地指出来。正因为这样，朝中一些贪官污吏，都十分惧怕他。

当时，朝中有一个叫祖珽的小人，品德极为低劣。但此人极会玩弄权术，经常在齐帝高纬面前，说些他喜欢听的话。这样，渐渐地，他便取得了皇帝的宠信。祖埏受宠后，常常利用皇帝的权势，坑害忠良，排挤异己。

斛律光对他的做法十分看不惯。一次，斛律光见他又陷害好人，便不平地说：“祖埏这个瞎子当权，国家要完了。”

此话传到祖埏耳中，他非常恼火。于是他便暗暗下决心，一定要害死斛律光。

这天，朝中又传来斛律光率军立下了战功的消息。齐帝高纬十分高兴，想为斛律光庆功。祖埏听说后，忙跑到齐帝跟前，他把自己早已编好的一套坑害斛律光的谎言，向皇帝绘声绘色地讲了一番，说斛律光杀敌英勇，不过是想用来提高自己的威望，以便日后篡权。还说斛律光经常克扣军粮，贪污受贿。

齐帝高纬是个十分无能的昏君，他对斛律光一直是又宠又怕，惧怕他势力过大，最终危及皇权。现在听祖埏如此这般地一说，心也动了。最后他竟下令处死斛律光，没抄他的家产。

祖埏杀了斛律光，心中暗自庆幸。当然，他也听到了朝中一些正直的大臣对他的指责。祖埏为了掩饰自己的罪责，便在朝中大肆散布，说斛律光贪赃相当严重，别看他平时装得挺寒酸，数不尽的珍宝都藏在他家中，等抄了他的家，他的原形就会显出来。祖埏这样说，完全是无中生有。但在他想来，斛律光为官多年，家中总不会没有豪华讲究的奢侈品，待把这些东西抄出来，再说是他贪来的，别人又能说些什么呢？

几天以后，祖埏派大臣邢祖信去抄斛律光的家。邢祖信临行前，祖埏还一再叮嘱他：抄家时一定要过细，什么也不能落掉。邢祖信走了一会儿，祖埏还不放心，他又派自己的一位亲信，专程到斛律光家去监督，以免遗漏了东西。

祖埏把一切安排好后，便舒舒服服地在家中休息起来，等候好消息。没想他人刚躺在床上，眼睛还没闭上一会儿，就有人来报告说斛律光的家已抄尽。祖埏一听这话，一骨碌从床上爬起来，兴冲冲地往朝中赶去。

来到朝中，祖埏一见邢祖信的面，便急不可待地上前问道：“有收获吗？”

邢祖信本身为人还算正直，只是从前处事一向怯懦，今天他抄了斛律光的家，大有所感，于是便故作不明白地说："有收获，大有收获啊！"

祖埏一听这话，掩饰不住内心的喜悦，又忙问道："怎么样，抄的东西不少吧？"说着，他不等邢祖信回话，便自己得意地说道，"我说斛律光是个贪官，这准没假，他平时故意表现得那样清廉，不过是想要好名声。其实，真相是掩盖不住的。"

正说着，他见邢祖信站在一旁默不作声，目光里流露出愤怒之情，以为是邢祖信有怨于斛律光，便有意提高嗓门，又对邢祖信说道："怎么样，都抄出来些什么，报报吧！"

邢祖信见祖埏这样说，没有理睬他，他把目光转向了站在祖埏身旁的其他大臣，平静地说："斛律光将军全部家产如下，弓 50 张、宴射箭 100，贝刀 7 口，赐槊（古代兵器）两支。"

祖埏一听这话，脸上顿时没了血色，但他还是故作镇静地问道："还有呢？还有什么？"他说着，把脸转向站在邢祖信后面的那位亲信，想从他口里得到自己满意的回答。没想，那亲信红着脸，低着头，半晌不开口。祖埏非常恼怒，又厉声喝道："快说，还有什么？"

那亲信见主人发了火，忙支支吾吾回答道："还有，还有枣树枝 20 根。"

这时邢祖信解释说："听斛律光的家奴说，斛将军家规很严，他从来不许家奴与外人打架，并立下规矩，凡奴仆和外人打架，不问曲直，用枣树枝打 100 下。据说这枣树枝便是做这用的。"

祖埏一听这些，气急败坏，但一时又不好发作，便灰溜溜地先走了。

祖埏走后，邢祖信望着斛律光被抄来的全部家产，泪水缓缓流满了脸颊，他望着望着，突然仰天长叹道："天啊！你可以作证，他是一位多么清廉的好官啊！天啊！栋梁断了，这个国家要完了。"在场的人，听了邢祖信这样说，都伤心地落下了泪。

奸臣祖埏，本想通过抄斛律光的家，捞到点什么，以平息朝中对杀斛律光的不满。没想，他机关算尽，赔了夫人又折兵。不但没有搞臭斛律光，反而使斛律光清正廉洁的美名由此传扬了出去。

四、吃苦耐劳的司马光

宋代的司马光，是中国历史上著名的史学家。他“以俭素为美”的俭朴作风，在当时也是朝野闻名的。据苏轼说，司马光从来不事经营产业，在洛阳买了一座住宅，仅仅能够用来躲避风雨。他有田三顷，在他夫人去世时还卖掉了，用来作为丧葬费用。他一生都只穿很普通的衣服，吃很一般的饭食。范镇曾送给司马光一床布被子，司马光就把他平时喜爱的范纯仁的《布衾铭》用隶书写在上边，其中有“君子以俭为德，小人以侈丧躯”之句。司马光临去世时，还嘱人将这床布被盖在他的身上随葬。司马光的平生所为同他在《训俭示康》一文中所言“吾性不喜华靡”，“平生衣取蔽寒，食取充腹”是相一致的。同时也证实了他“吾心独以俭素为美”的观点，并非只是一句空话。正是由于他的言传身教，也使得他的儿子司马康一生“为人廉洁，口不言财”。

熙宁元丰年间，司马光在洛阳潜心著书。一年，适逢隆冬大雪，北风呼啸，天寒地冻，滴水成冰，一般人家都得围火取暖。一位客人拜访司马光，走进他的茅檐草舍，客人惊奇地发现，司马光家中竟无炭火，冷如冰窟。司马光只有烧碗栗子姜汤给冻得瑟瑟发抖的客人驱寒。而当这人去拜访别的官宦时，却不仅有炭火烘烤，还有酒菜招待，两相对比，此人感慨不已。洛阳当时为北宋西京，王公贵族，错居其中。这里深门大院，亭台楼阁随处可见。而司马光的家却在城西北的偏僻陋巷中，是一间仅能避风雨的茅檐草舍，三九寒天，室内寒气袭人，到了夏天又酷热难熬。司马光只好请人在家中挖了一两个地下室，以避寒暑。以至于当地人普遍流传一句口头禅：“王家钻天，司马入地。”

五、沈括吃苦耐劳献身科学

宋朝治平三年（1066 年），年轻的沈括被任命在京城开封昭文馆里担任图书编校工作。当时，很多校书官只是敷衍一下每天的校书数量，其他时间就去饮酒赋诗。而沈括一面认真地校读，一面开始对天文学发生兴趣。于是，他便利用昭文馆较清闲的条件，开始自学天文历法。

昭文馆是当时的国家图书馆，藏书十分丰富。在这里，沈括阅读了许多天文学方面的著作。他把《尚书》、《诗经》、《春秋》、《左传》、《国语》这些儒家经典中有关天文历法的资料逐条摘抄下来。又重点研究了《史记》中的《天官书》、《汉书》中的《天文志》。不到一年功夫，他根据研究的心得，提出了一些独立的见解。

昭文馆的长官是位学问很深的长者，沈括的一举一动他都看在眼里。他十分喜欢这位年轻人的钻研精神，并且很欣赏沈括的独立见解。他向朝廷举荐沈括，沈括在天文学方面的才能因此而受到皇帝的重视。

几年后，宋神宗指派他主持司天监的工作。司天监的主要工作是观测天象，推算历书。当时监内情况，可以说是糟糕透顶，一些骨干官员缺乏真才实学，尽是些酒囊饭袋，不学无术的庸碌之徒，他们甚至不懂得用仪器观测天象。

新上任的沈括面临的任务很艰巨，他首先罢免掉6个只拿薪俸不干实事的官员，引用一批认真读书、踏实做事的年轻人，专门为他们开设技术训练班，经过一个时期的分科培养后，分配在监内工作。

他又大胆地破格起用盲人卫朴。卫朴是个普通人，沈括却让他主持修订新历，这一行动引起监内外守旧派的极力反对，沈括却毫不动摇。经过整顿的司天监很快便出现一派井然有序的新气象。

沈括决心在司天监培养起一种重实践、重科学的风气。他自己身体力行，有一段时间，为了观测北极星的实际位置，他每天夜晚都要起来，一个人来到司天监，对着浑仪的窥管静静地观察。

每当这时，沈括就像飞离了纷纷扰扰的人世，来到神秘而又无限广宽的宇宙之中，开始与群星对话。浩瀚的宇宙不再那样神秘莫测，群星也不再沉默不语，沈括逐渐地对它们熟悉起来，与北极星之间的交流尤为频繁。

他先对着窥管看一阵，然后就在旁边准备好的纸上画下此刻北极星在天空中的位置，每夜要画三张这样的图，分别记下在前半夜、半夜、后半夜三个固定的时间内北极星所在的位置。

就这样，沈括一天不差地整整坚持三个月，前后共画200多张图。三个月后，他整理并研究了凝聚着他心血的这些图，得出结论：北极星实际上不在北极，离开北极还有一度多。司天监的官员们一边听着沈括介绍这一研究成果，一边看着他那布满血丝的眼睛和明显消瘦的脸庞，心中都涌起了对他的敬意。从此，重观测、重考察的实践精神，不畏艰苦、肯于钻研的治学态度，在司天监里蔚然成风。

沈括主持司天监的短短几年时间里，工作成绩显著。他提出了关于日月食的基本原理、月亮有盈亏等几个卓越的天文学说，主持了《奉天历》的编修，改制了新的观象仪，写下了一些天文学的重要文章。

沈括46岁那年，接到宋神宗的谕旨，编制一份全国地图。当时，他担任三司使，是全国主管财政的最高长官。三司衙署的公务十分繁忙，要阅读和签批很多文书，有的要及时上报给皇帝批阅，有的要下发到各地执行。沈括很善于利用时间，他每天总是在处理完案头工作之后，就打开从政府图书馆里借来的图书、地图，等等，一边看一边随手摘记资料，为绘制地图作准备。

不久，沈括受人诬告，被朝廷贬谪，为绘制地图而正在进行的资料准备工作被迫中断。

53岁的沈括来到贬谪地——随州（今湖北随州市），这里丘陵起伏，茂林修竹，他选择了绿林深处的一座古刹寺庙——法元禅寺，作为他的住地。寺中有三两个终日打坐、念经的贫僧，沈括在这里举目无亲，就在这孤寂、清贫的生活中，他开始着手绘制那份全国地图，他把从京城带出来的几箱摘记资料加以详细考订、研究，每日不废晨昏，一点一点地绘制。50多岁的沈括像个刻苦的小学生，每天给自己规定了日课，不完成当日的绘制计划就不休息。

暑去冬来，三年的时间不知不觉地过去了，沈括的草图也已完成。就在这时，朝廷又重新起用沈括，改派他到另一个地方做官。此后，沈括换了几个地方的官职，其间曾一度驻守边疆，他总是忘记不了将这部图稿随身携带，一面考察地理，一面修订地图，尽管时绘时辍，却一直坚持不懈，从未放弃。就这样坚持了12年，终于完成了当时最准确的一套全国地图——《天下郡国图》。

全部地图有20幅，一幅全国总图和十几幅一路一路的分路图，由于他参考了许多图书，采纳丰富的历史资料，绘制精详，内容翔实，因此，当他呈献给朝廷时，得到皇帝的嘉许。没有吃苦的精神，哪来辉煌的成绩。

六、曹雪芹十载著红楼

曹雪芹名霑，字梦阮，雪芹是他的号。大约在1716年，他生在一个富贵的“百年望族”之家。他的先祖拥清兵入关有军功，他的曾祖母曾经当过康熙皇帝儿时的乳母，深得康熙的信任。他家祖孙三代都世袭“江宁织造”的职衔。这职务名义上是专管皇宫里后用衣物的生产和供应，实际上还负责监视江、浙地区的官民，可以直接向皇帝打秘密报告，是皇帝的心腹。康熙五次南巡，就有四次住在曹家。

曹家既是“百年望族”，又是“诗书门第”。在僮仆成群，钟鸣鼎食的环境里，曹雪芹度过了少年时代，他不仅享尽了人间的荣华，也汲取到了丰富的文学滋养。祖父曹寅，是当时著名的藏书家，文学造诣也很深。曹雪芹在这样的家庭里，认真学习，掌握了广泛的知识。

曹雪芹13岁那年，曹家大难临头。这一年，雍正靠阴谋诡计登上了皇位，他以残忍毒辣的手段清除对手。由于曹家同他的一个政敌关系比较密切，所以雍正一上台，就毫不客气地将曹雪芹的父亲撤职查办。曹家的生活从此一落千丈。

告别了锦衣纨绔，饫甘餍肥的生活，曹雪芹跟着戴罪的父亲来到北京，生活渐渐陷入窘境，缺吃少穿，有时连个住的地方都没有。据说，他曾经在别人的马厩里住过很久。精神上的打击也接踵而至，过去那些登门结识他们的人，现在见了都躲得老远，十分亲近的亲戚，也害怕牵连不再和他们来往……

随着时间的推移，穷困的加剧，他历尽了种种辛酸屈辱，深察了统治集团的种种丑恶内幕，眼见无数可笑可骂，可悲可叹的事实，使他感慨万千，牢骚满腹。走出了统治阶级的队伍，和社会下层人民的接触又使他视野扩大，思想趋向成熟，把狭隘的牢骚，逐渐转变成为对整个社会的不满和愤怒，他的叛逆性格和思想迅速形成和成长，埋在心底的怒气终于像火山一样地爆发。他狂放不羁、谈笑嬉骂，矛头直指封建阶级的营垒。他吟诗作画，冷讽热嘲，公开向黑暗的社会挑战。据说，家里人怕他触怒了统治者，招来灭族之祸，吓得把他锁在空房里，一直锁了3年。有人分析，可能就是在这段时间里，曹雪芹萌发了创作《红楼梦》的念头。他设计了这部百万言的巨著，立志从一个封建大家庭的兴衰史着手，揭露封建社会大厦将倾的内幕，塑造贾宝玉等人的叛逆性格。

《红楼梦》的轮廓勾画出来后，曹雪芹发誓以一生的精力来写这部为大雅所不齿的“演义闲书”、“小说稗史”。中年以后，他的家产已全部丧失，在城里已没有立足之地，被迫搬到郊外香山脚下去落户。这里幽僻荒凉，山径曲斜，蓬蒿丛生。曹雪芹已陷于赤贫的状态，房子是茅草盖的，灶是用瓦块搭成的，床是用绳子绷起来的，连个床板也没有。家里几乎没有固定收入，只好靠卖画为生，和妻子、儿子长期过着“举家常食粥”的生活。他爱喝酒，没有钱只好向老板赊欠，穷苦的煎熬使偶尔来访的朋友个个心酸落泪。但是，曹雪芹没有向贫困低头，就是在饥寒交迫、朝不虑夕的情况下，他仍然夜以继日地挥笔写书。家里四壁空空，常常连买纸的钱也没有，他只好把旧年的皇历拆开，把些旧书页子反过来，订成本子在背面写。辛劳一天，有时家里无米下锅，小孩、妻子啼饥号寒，穷愁无路。一般人看来，在这样的生活状况下，还有什么闲情逸趣去写一部为人笑骂的“盲词小说”？曹雪芹真是“疯子”、“傻子”。可是，曹雪芹对这些全然不顾，生活的煎熬，内心的痛苦，激励着他如痴如狂地写下去。“满纸荒唐言，一把辛酸泪！都云作者痴，谁解其中味？”就是他写书时思想感情的真实描写。

曹雪芹荒村著书，不仅遇到了生活上的困难，还遇到了巨大的精神压力。他的封建大家庭的族人和亲戚，听说曹雪芹要写一本揭露他们腐朽生活的书，认为这是在故意糟蹋他们，因而对他充满了疑忌和愤怒，当时的封建统治者也绝不允许写这样的书。

旧势力的高压，“蓬牖茅椽，绳床瓦灶”的赤贫生活，不仅没有使曹雪芹颓唐畏葸，反而使他在叛逆的道路上越走越远。清朝的宫廷里设有皇家画院，有人向画院推荐曹雪芹的绘画才能，画院想请他去当画师，曹雪芹断然谢绝。曹雪芹含辛茹苦地奋斗了十年，才完成了这一浩繁巨著。写完初稿后，他又严肃地进行了五次大的修改，对书中的每一回、每一段、每一句、每一字都进行了认真思考，反复推敲。“披阅十载，增删五次。”可以说，这部最伟大的现实主义文学作品，是他和着心血和眼泪写成的。

穷苦激励了曹雪芹的精神，却摧残了他的身躯。公元1763年，曹雪芹唯一的儿子染上了豆疹，无钱医治而亡故。曹雪芹悲痛万分，据说，他每天都要到儿子的小坟上去瞻顾徘徊，伤心流泪，不久就得病卧床。除夕这天晚上，他满怀悲愤地离开了人世，身后只留下了一个孤苦伶仃的妻子和他的名著《红楼梦》。

《红楼梦》结构宏伟，内容丰富。它通过史、王、薛、贾四大家族的兴衰史，形象地揭露了封建家族的腐朽，可以说是中国封建制度濒于崩溃和必然灭亡的一面镜子。全篇情节曲折，事件纷繁，语言生动形象，准确简练，不愧为我国古典小说中思想性最强，艺术性最高的一部杰作。它以巨大的表现力，描写了400多个人物，塑造了众多的艺术典型。主要人物贾宝玉、林黛玉等固然写得血肉丰满，即使那些勾勒几笔的丫环奴婢，也无不栩栩如生，活灵活现。全书把那么多人物和那么复杂的事件，浑然天成于一部作品里，各个人物的阶级属性，禀赋习惯、性格心理，自然贴切，独具匠心，这在世界文学史上也是罕见的。它一问世就受到了人们的喜爱，王公贵人，黎民百姓争相阅读。乾隆年间，这本书的抄本卖到10两银子的高价，当时流行着两句话：“开谈不说《红楼梦》，纵读诗书也枉然。”人们评论说，18世纪，我国有两大文学奇迹：一是《红楼梦》，一是《儒林外史》。曹雪芹的名字，很快在世界上和莎士比亚、巴尔扎克、托尔斯泰等人类最优秀的文学家并列在一起。

开拓的品质

勇于开拓的品质

一、培养学生的开拓创新精神是素质教育的核心内容

素质教育的内容十分丰富，但培养学生的开拓创新精神则应是其核心内容，因为：

（1）开拓创新精神是促成事业成功最关键的素质。人若富有开拓创新精神，即便其他素质存在某些缺陷，仍可在事业上作出不殊成就；而人若没有开拓创新精神，即使其他素质较高，也很难在事业上作出显著成就，终归流于平庸。

（2）树立开拓创新精神会对其他素质的提高起到有力的促进作用，是提高综合素质的有效途径。如学生中常见的孤独感、失落感、封闭心理、自信心缺乏症、羞怯心理及社交恐惧症等心理素质方面的缺陷，都可通过树立开拓创新精神来克服。因人若有了开拓创新精神，就会不断产生自己新的见解、主张，从而使自己感到充实、兴奋，而不再感到孤独、失落，同时会产生向人诉说、求得承认的欲望，即有了社交欲念，使封闭心理得到克服；更重要的是，自己独特的见解、主张，较通行观点会给人以新颖的感觉，常得到人的共鸣、赞赏，从而使自己产生自信心、自豪感，变得气粗胆壮起来，使羞怯心理、社交恐惧症得到克服。这样，通过树立开拓

创新精神，孤独感、失落感、封闭心理、自信心缺乏症、羞怯心理及社交恐惧症等一系列不良心理便逐渐得到克服，使人的综合素质得到明显提高。

（3）开拓创新精神是当今社会的迫切需要。当今时代是个充满竞争的时代，只有富有开拓创新精神，才能出新招、创新路，打开工作的新局面，在竞争中立于不败之地。如果缺乏开拓创新精神，势必沿旧习、走旧路，不能打开工作的新局面，在竞争中陷于失败。

二、什么是开拓创新精神

那什么是开拓创新精神呢？就是开拓进取、勇于创新的精神。它既是一种品格，又是一种胆魄，还是一种才识，是三者的统一。首先，开拓创新精神是一种富有怀疑精神、求实精神、自信心、好奇心、勤奋刻苦和坚韧不拔的品格；如果迷信传统、书本、权威，不脚踏实地，缺少自信，缺乏好奇心，懒散怕苦，不能持之以恒，便是没有开拓创新的品格。其次，开拓创新精神又是一种邓小平同志所具有的那种“敢说前人没有说过的话，敢走前人没有走过的路，敢创前人没有开创的新事业”的大无畏的胆略和气魄；如果畏首畏尾，缩手缩脚，不敢为天下先，只敢跟在别人屁股后边跑，不敢阐述自己的新见解，只敢讲已定论的东西，便是没有开拓创新的胆魄。再次，开拓创新精神还是一种才识，即一种才能、见识。它要求必须具有创造性思维和较强的从经验、事实、材料中提炼出自己思想的能力；如果思维僵化，缺乏创造性，拥有丰富的经验、事实、材料却就是提不出自己的思想，便是没有开拓创新的才识。开拓创新精神，品格、胆魄与才识必须齐备，缺一不可。品格是基础，没有开拓创新的品格，就很难产生创新的欲念，即便偶尔产生，也会因缺乏动力支持而昙花一现；有胆魄而无才识，轻则不能成事，重则陷于蛮干而遭受重创；有才识而无胆魄，往往是明知某件事干了大有好处却就是不敢干，结果眼睁睁看着才不及己者屡获成功而春风得意，自己却事败困迫而懊丧不已；当然，如因循守旧，墨守成规，死守教条，品格、胆魄与才识皆无，那更会一事无成。

三、如何培养开拓创新精神

培养青少年的开拓创新精神，既依赖于教师的教，又依赖于青少年的学及自我培养，应将两方面有机地结合起来。

1. 教师培养学生开拓创新精神的对策

培养学生的开拓创新精神，教师可以从品格、胆魄与才识三方面着手，锤炼品格、壮大胆魄与增高才识齐头并举。

（1）锤炼品格。针对目前青少年中常见的迷信传统、书本、权威，不敢怀疑，缺乏自信的状况，要教育学生懂得：实践出真知，不必迷信传统、书本、权威，传统虽众皆行之，书本虽众皆学之，但并没有穷尽真理，仍有许多领域有待探索，也没有尽善尽美，仍需进一步深化完善，即使那些被证明是真理的知识也有相对性，不能将其绝对化。任何人都不是全知全能的，即便是权威也难以尽知，也难免出错。许多重大发现、重大发明，往往都是人在未成名时做出的，他们当时也与自己一样，人微言轻。学生不必因自己人微言轻就丧失信心，若能突破心理障碍，塑造出一种富有怀疑精神、求实精神、自信心、好奇心、勤奋刻苦和坚韧不拔的品格，也会有新的发现，也会作出独特的成就。

（2）壮大胆魄。没有胆量，就不可能有开拓创新精神。因此，一定要设法克服青少年不敢出头露面、羞怯的心理，鼓励其胆子大一点，再大一点，让其明白“天不怕，地不怕，就怕自己的胆子不大”的道理，真正做到“敢想、敢说、敢做、敢于标新立异”。在教学中，要设法为学生提供锻炼胆量的机会，如鼓励学生质疑问难，阐述自己的见解、互相辩论，登台演讲乃至上台模拟讲课等。开始可能出现无人出头而冷场的局面，但只要能鼓动一两个学生出头，其他学生也会受到鼓舞而气粗胆壮起来，争着露一手，形成全班学生胆量齐大的势头。如遇学生提出的问题十分怪诞，见解不完善甚至荒谬，表达方式非常拙劣等情况，也要赞扬其敢于表现自我的勇气，万不可往其头上泼冷水而使其胆量壮大的势头受挫。

（3）增高才识。教师首先要转变观念，不能把教学看成仅仅是传授已定论的知识，应更注重培养人自己获得知识的能力。为此，教师对所讲问题不能只讲已定论或自认为正确的观点，而应将该问题上的各种不同观点，尤其是最新学术观点，择要介绍给学生，让学生能够把握学术前沿动态，在对不同观点的比较、鉴别中开启心智，激发创造力。同时，教师还应有自己的学术见解。因为教师新颖、独到的见解不仅会使学生由衷地产生敬意，而且会对学生的创造力产生极大的激发作用，是任何其他因素都代替不了的。如有条件，教师还应让学生参与相关科研课题的研究，因科研工作可培养人的质疑问难精神、批判精神、发现问题的能力、独立能力及刻苦钻研精神，大大激发人的创造力。教师应激发思想而不应控制思想，应尽力避免生硬灌输，而采用启发式教学，因学生在教师的启发下自己得出结论会大大激发其创造力。课堂上及考试中，对学生回答的问题，有些不能和标准答案不同即判错，那会扼杀学生寻找更好答案的努力，不利于创造力的培养；对和标准答案不同的解答，也应仔细鉴别其有无可取之处，如富有创见，也应给高分，以此鼓励学生创造力的发挥。

2. 青少年自我培养开拓创新精神的对策

青少年要富有开拓创新精神，不能单靠教师教，更重要的是努力进行自我培养。这首先应认清自己的特长，争取在某特定方面显现出自己的优势。在某方面建立优势后，人便会产生自信心、自豪感，胆子会大起来，才思也会奔涌出来。在绝大多数领域，建立优势的前提是拥有自己的独特见解。

（1）反向思维法。对某种观点，假定其错而相反的观点正确，然后进行一系列逻辑推理，常会发现其中的不足及相反观点的可取之处，从而对正反两类观点的长短优劣了然于胸，通过取长补短便会形成自己高于两类观点的新观点。

（2）换位思考法。将自己和对方在思想上换一下位，站到对方的立场上思考问题，一方面能理解对方主张、观点的合理性，多一分宽容、公允，一方面则可借此检查一下自己的主张有无疏漏，从而找出更为完善的制胜之道。

（3）中观思维法。固执于某个立场常使人产生偏见，如能从正反、自我的立场上超脱出来，站在中间者的立场上观察和思考问题，常能克服或减少偏见，得出较为客观公允的新结论，使自己的思想产生重大飞跃。

这样，通过师生双方的共同努力，学生富有质疑问难精神、求实精神、自信心、好奇心、勤奋刻苦和坚韧不拔的品格就会锤炼而成，胆魄就会壮大，才识就会增高，从而使开拓精神逐步树立起来，为事业的成功奠定良好的基础。

突破规则并不仅仅是一种意识和观念，还是一种技巧和方法。在市场竞争中，要善于打破常规，更要学会反其道而行之，独辟蹊径，出奇制胜。有些时候，为了一个大目标的实现，就需要通过一些非规则、反规则的手段来扫清障碍、加快运作，从而达到最好的办事效果。商场如战场，用兵之法同样适用于商战。被日本企业奉为至宝的《三十六计》所提出的种种克敌制胜的计谋，其核心就是一条：不按常规行事。

没有开拓精神的人机械、僵化地看待规则，不懂得规则本身所包含的不确定性和局限性，只知道“守”规则，不懂得通过“破”的途径去“立”规则，所以在人际交往中就会消极被动、落后挨打，难以成事。与突破规则问题紧密相连的，就是冒险问题。因为突破规则本身就有着巨大的风险。风险意味着，它既可能使你输光老本，又可能赢回一座金山，风险越大，这些可能性就越大。最保险的投资往往只能得到最一般的微薄利润，这在市场竞争激烈、近乎饱和的状况下就表现得更为明显。

社会为你提供了一个大舞台，让勇敢、精明、勇于开拓的人去为自己的命运下注。这里以成败输赢论英雄，要想赢得成功首先必须输得起，输不起的心态便是一种不敢冒险的心态。古往今来，一个人要做的事情越大，其所冒的风险也越大；而风险越大，其可能获得的收益也越高。能成大事者，都是有远见、有魄力的冒险大王，在他们的冒险精神中，既有勇气的成分，又有智慧的光芒。普遍而言，老实人比较胆怯，守成有余而开拓不足，往往缺乏冒险精神，这使他们的事业始终处于一种小格局、小境界和小发展之中，不能够及时把握住机遇，使自己的事业提升到一个更高的境界之中。也有些老实人看似勇于冒险，实则是一种鲁莽，是一种缺乏明智认识的盲动，并不能算作是敢于冒险者。

开拓创新的历史故事

一、武王勇于伐纣开拓新时代

事情发生在3000年前。商朝最后一代君主纣王，非常残暴，所做坏事罄竹难书。为了个人的享受和寻欢作乐，他强迫成千上万的奴隶，花了7年的时间，修了一座长三里、高千尺的鹿台，鹿台上建了一座高大的摘星楼，他终日和美女们在楼上饮酒宴乐，朝夕歌舞不停。

纣王为了镇压人民的反抗，制造了许多残酷的刑具，无数百姓惨遭杀害。他的叔叔比干，因为看不惯他的暴虐行径，提了几次意见，也被纣王剖腹挖心害死。这样，日久天长，商朝许多大臣都逃跑了。

商王朝内部除少数人助纣为虐外，大多数人逃到西方的周国，也就是周武王统治的国家。周武王治国有方，又善于用人，国家富强，人民安定。武王看到商王朝政治混乱，人民疾苦，认为灭商的时机已经来到，就联合了八百路诸侯在盟津会师，一起讨伐纣王。

一天，周武王的大军从盟津出发来到黄河渡口时，正是黑夜，可当时夜明如昼，一群长着鲜红羽毛的大鸟，向武王的渡船飞来，环飞不离，看到此情此景，众人非常高兴，认为这是吉祥之兆，预示这次进军出战必胜。

武王大军继续向北行进，途中天气突变，一时风雨交加，大风把旗杆折成了三段，暴雨连下了三天，武王心情很不愉快。大臣姜尚看出了武王的心事，对武王说："这没什么，旗杆三折，告诉我们应该兵分三路，大雨不停，这是天洗兵，我们正应该振作精神前进。"这给周武王很大激励与启示，他遂分兵前进，军队很快来到商朝都城朝歌郊外的牧野。

周武王的几万兵马，威武雄壮，严阵以待，只等武王一声令下，就可冲锋陷阵。这一时刻终于来临了，大家看到周武王手握大斧，神态严肃地对阵前将士宣誓说："举起你们的长矛，拿起你们的盾牌，我们要惩罚商纣王一伙了，你们要像猛虎下山那样去攻击敌人。"

当武王已经兵临城下时，纣王正在花天酒地，纵情享乐。忽闻武王兵至，自己毫无准备。商军都开到东方打仗去了，一时无法调回，纣王只好把 70 万奴隶临时编成军队，前去阵前抵挡。他哪知这些奴隶平时受尽了凌辱，早就恨透了纣王一伙，所以刚一交锋，奴隶们便马上掉转矛头，对准了那些曾经压迫他们的军官，杀了个回马枪。这时，周军也乘势拼杀，真是势如破竹，纣王军队立即崩溃。纣王见势不妙，在卫士保护下，慌忙逃回朝歌。他平时积恶太多，知道末日已到，满怀恐惧地登上鹿台，把平时搜刮来的珍宝都堆在自己身旁，将身体团团围住，然后点起一把火自焚了。

周军打进都城时，鹿台已经烧成灰烬，只有纣王尸体因为有珠宝包围，还未成灰。周武王对着纣王连射三箭。然后跳下车，用宝剑刺穿纣王尸体，举起大斧将纣王头砍下，高悬在一面大白旗顶上示众。这个罪恶多端的暴君终于得到了应有的下场。

二、商鞅变法

公元前 361 年，秦国新君秦孝公继位。这位新国君，掌握国家大权没几天，便发现秦国国势已大大落后于中原其他国家。特别是那些主持国政的大臣，都是些宗室贵族，他们这些人整天光知道搜刮民财，争权夺利，根本拿不出一点治理国家的好办法来。秦孝公深知：如果这样下去，秦国总有一天会被其他诸侯国吃掉。于是有一天，他颁布了求贤令，说谁要是能使秦国富强起来，无论他是秦国人，还是外国人，国王将封给他尊贵的官职，赐给他土地……

求贤令已经颁布几天了，可是依然没有遇到能令孝公满意的能人。这天，秦王正在为求贤不得而闷闷不乐。突然，有个身材魁伟的男子求见。这人一见秦孝公，便蛮有把握地说："大王，要想使国家富强，就必须进行变法改革。我叫卫鞅，是卫国人。早年曾在卫国做过官，对变法革新有很多设想，只要您肯采纳革新主张，秦国一定会很快强盛起来的。"这卫鞅，就是战国时期著名的改革家商鞅，当时他的名字叫卫鞅。

秦孝公见卫鞅胸有成竹的样子，就进一步向他询问变法的具体措施，卫鞅很有条理地说道："变法最重要的是发展农业，奖励耕织；第二要整顿军队，提拔有功的将士；第三奖罚分明，按法律办事……”孝公越听越高兴，当即就拜卫鞅为大夫，并让他着手准备变法。

但是，卫鞅的变法新见，却触犯了秦国旧贵族大臣们的利益。他们很快串通起来，向卫鞅发起进攻。

一天，秦孝公召集大臣，商议变法革新的事。谁想秦孝公刚刚说出革新变法的主张，甘龙这位老臣就把脸拉了下来，并拿腔拿调地冲着卫鞅说：“大王，自从这个叫卫鞅的外国人来到秦国后，把我们秦国的过去说得一无是处，天天嚷什么变法。我看他是存心想把秦国搞乱。祖宗的制度，是能随便改的吗？圣人的‘礼’、‘义’是能违背的吗？”这甘龙边说，边用眼睛狠狠地瞪着卫鞅，然后双手盘在前胸，摆出一副不可一世的架势，口中恨恨地继续说道：“老臣活了这么大岁数，还没有见过敢改古礼的人呢！”

那杜挚是个口才笨拙的家伙，他见甘龙已经把自己想说的都表达了出来，心里很高兴，便赶紧应和道：“对！效法古……古礼没……没错，遵守旧法，天……天下就会太……太平。”说完，他昂起脖子，也摆出一副盛气凌人的样子。

甘龙和杜挚是秦国的老臣，他们这么一说，朝廷中那些本来就不满新法的人，也都跟着嚷了起来，他们有的指责卫鞅，有的嚷嚷着旧法怎么好，也有的让孝公千万别听这位外来人的鬼点子……朝廷中一时乱哄哄的。

秦孝公是位刚刚继位的国君，他见大臣们对新法如此反对，心里也有些发毛，就低声对站在身旁的卫鞅说：“寡人是要实行变法，可恐怕这会遭到国人一致的批评，你看该怎么办？”

站在朝廷一旁很久了的卫鞅，一直冷眼看着这群权臣在嚷嚷，他对这一切早有准备。还是在来秦国之前，他的朋友就曾劝说过他，说秦国有一帮很厉害的老臣，非常反对变法，秦君刚刚继位，实力不强，弄不好变法不成，还会丧了命。卫鞅没有畏惧这些，毅然来到了秦国。此时，他见孝公问自己该怎么办，就勇敢地站出来，面对乱喊乱叫的群臣，严厉地驳斥道：“各位大人说的话，完全是庸人之见，请问，你们说古礼不可变，可古礼并不一致，你们说该效法的是哪种？现在帝王不相因袭，你们说该遵守的是谁的法度？三皇五帝且不论，就拿商汤王、周武王来说吧，哪一个不是根据当时的形势来建立法制？治理国家，当然要根据国情。推翻古法的人，未必就是错误；同样，拘守旧礼的人，也未必正确。如今，主公已决定要变法革新，这对秦国是很有益的事。请问，这又有什么可非难的呢？”

卫鞅的一番话，理直气壮，驳得甘龙、杜挚等人面红耳赤，半晌说不出话来。卫鞅见状，又转身对着孝公说：“大王，干一番新事业，遭到人们的反对，是常有的事，如果主公患得患失，没有信心，那是永远也干不成一件事的。”

卫鞅的话更加坚定了秦孝公变法的决心，他当即就对在场的所有大臣说：“寡人为了富国强兵，决计实行变法。今后，谁敢反对变法，一定从严惩处！”事后，他提升卫鞅为左庶长，委托他亲自主持制定新法令。

后来，商鞅的变法使秦国很快强盛起来，秦国一跃成为了当时各国中最先进的国家，为以后统一六国奠定了基础。当然，秦国的保守派从来没有甘心他们的失败，他们一直在寻找机会迫害商鞅。后来他们趁秦孝公病逝，秦惠王继位不久之时，野蛮地将商鞅以车裂之刑处死了。

三、朱元璋勇于开拓成就帝业

元顺帝至正十二年（1352 年）闰三月的一天，濠州城里农民起义队伍红巾军将领郭子兴的帅府，守城兵士押来了一个元军的“奸细”。这个奸细面临杀头之危竟毫无惧色，反而慷慨陈词，不由得引起了郭子兴的注意。只见他 20 多岁，身材魁梧，一身和尚打扮。袈裟虽然破旧，郭子兴却感到他身上有一种不同寻常的气质，不由得心中暗自惊奇。这个和尚是谁呢？他就是 17 年后做了明朝开国皇帝的朱元璋。

朱元璋画像

朱元璋于公元 1328 年出生在濠州钟离（今安徽凤阳）一个贫农家

里。他 17 岁那年，淮北闹灾荒，父母兄弟相继患病死去。为了生活下去，朱元璋被迫到皇觉寺出家当了和尚。可是没过两个月，寺庙里也无法栖身，只得手托瓦钵，腰挂木鱼，开始了云游四方的行乞生活。经过三年苦难和磨炼，他回到庙里，又当了几年的和尚。这时，正值兵荒马乱的元朝末年，灾情更加严重，农民起义四处兴起。朱元璋经过考虑，觉得只有参加红巾军才是出路，就下决心来投奔郭子兴，一同造反，不料进城时却被卫兵当成了奸细。经过一番询问，郭子兴明白了他的来意，感到他是有才志的青年，就收留了他，作为身边的一名亲兵。不出郭子兴所料，朱元璋果然不同常人。他机智多谋，勇猛善战，且为人正直，受人信赖与尊敬。因屡建战功，从最低的小官哨长，逐步晋升，成为统领全军的元帅。经过 17 年南征北伐，吞并群雄，终于在公元 1368 年建立了“大明”帝国。昔日的和尚登上了皇帝的宝座，农民起义军的将领这时也就变成了封建地主阶级的新的总代表。

朱元璋当了皇帝，面临的问题很多。元末战乱多年，农业凋敝，经济状况一片混乱；元朝的残余势力还妄图卷土重来；一些地主武装暗里准备复辟；农民反抗斗争断断续续；倭寇也常骚扰山东和东南沿海。国家很不安宁。朱元璋要想坐稳江山，必须以清醒的头脑，超人的胆略，采取果断的措施，开拓自己的封建皇业。

朱元璋知道经济是政权存在的基础，新王朝要巩固，当务之急是发展生产，恢复经济。由于他出身贫寒，又参加过农民起义队伍，亲身体验过百姓的疾苦，亲眼看到了农民斗争的威力，他认为，农民是国家经费的主要负担者，只有百姓富了，国家才能从他们身上“取”与“用”，如果不管百姓饥寒，无节制地榨取，“民不堪命”，那后果是十分可怕的。因此，他采取了鼓励生产、与民休息的重农政策。他下令军队、农民大量垦荒，实行屯田，兴修水利；同时减轻徭役赋税，救济受灾农民，并解放奴隶。他主张对农民不要过于聚敛，经常告诫身边的人说，天下刚刚安定，百姓的财力、人力都比较困难，好像刚刚会飞的小鸟，不能去拔它的羽毛；刚刚栽种的小树，不能摇动它的根部。重要的是休养生息。他自己对农民也是较宽厚的。有一次，朝廷负责收纳贡米的验收官，刁难远道而来送交贡米的农民，说他的米不好，让他回去，重新选好送来。农民苦苦哀求也无济于事。恰巧，朱元璋来了，他仔细看了看地上摆着的几十担香米，颗粒饱满，还是不错的，就让验收官把这些米全收下，并且语重心长地说，这些米都是百姓们一颗一颗地挑出来的，一次只能拣出一点米，装进黄绢布袋里收藏，积少成多才能交上。一斗贡米不知要拣多少次，费多少工，百姓们送这些米，又翻山跨水，运到京城，很不容易，如果挑剔不收，不是太难为百姓了吗？后来，朱元璋还因此事作出决定，以后不再进贡香米，所有税粮，一起送纳官仓。

朱元璋的住室里，悬挂着一首唐诗，说的是以往的君王因骄奢淫逸而失掉江山的教训。朱元璋经常诵读来提醒自己要崇尚节俭。一些地方官送来镂金床，想讨好朱元璋。朱元璋看到后十分生气，令人将床砸碎。以往皇帝的服装、用品及车辆都是用黄金来装饰的，朱元璋也下令把许多装饰改用铜来代替。他还教育宫中的侍女要懂得创业艰难，守业更不易的道理，时时注意勤俭二字。他这些开明的政策和做法，赢得了人们的拥护，收到了好的效果，因而明初经济恢复很快，耕地数量显著增加，粮食多了、棉花多了，手工业、商业也繁荣起来，社会生产力比以前有了较大的发展。同时也在客观上减轻了人民的负担，起到了安定百姓生活、巩固新生政权的作用。

朱元璋在政治方面也进行了大胆的改革。他取消了中书省，废除了秦汉以来历代相沿的丞相制度，同时提高了吏、户、礼、兵、刑、工六部的地位，六部的长官尚书分理丞相的政务，而直接听命于皇帝，把君权、相权都抓在自己手里。他设立了都察院，派出监督检查。对于兵权他也采取办法，使五军都督府手中虽有兵，却无权调动；兵部可下调动令，却手中无兵。只有皇帝才真正掌握兵权。他还制定了《大明律》及《大诰》三编，以维护他的统治。朱元璋立法严密，执法极严，即使对自己的功臣和亲属也毫不例外。

明初有一条禁令，茶叶不准私人带出国境，违者要受到严厉制裁。有一天，朱元璋收到一份检举私运茶叶的奏折，被告者竟是自己的女婿、驸马都尉欧阳伦。原来，欧阳伦倚仗自己的特殊身份，不把法令放在眼里，反而觉得皇帝碍着女儿的面子，不会把他怎么样。他不仅大肆私贩茶叶从中渔利，而且纵容家奴胡作非为，毒打查私的巡检司吏。朱元璋查明情况，十分恼怒，立即将欧阳伦传人宫中。欧阳伦见父王发怒，这才感到害怕。他浑身发抖，连连磕头认错求饶。朱元璋说："你是我的女婿，不帮我严行禁令，反而带头违反，这不是有意让我难堪吗？我怎能饶你！"他越想越气，不顾公主的情面，把欧阳伦大骂一顿，终于将他正法了。

朱元璋是我国历史上一个很有作为的皇帝，尽管他有大杀功臣，大兴文字狱，大搞恐怖政治的罪咎，但他毕竟功大于过，他结束了元代20多年的战乱，完成了统一中国的大业，为封建国家的巩固和发展作出了贡献，对社会进步起了推动作用，因此是一个值得肯定的历史人物。他71岁时因病逝世，谥号高皇帝，庙号太祖，因此，后世人们又叫他明太祖。朱元璋之所以能成为明太祖，离不开他开拓的精神。

四、医学祖师扁鹊

扁鹊，本姓秦，名越人，渤海郡鄚（今河北任丘北）人。这里有个闻名遐迩的药王庄，那就是他的故乡。

秦越人大约在周安王元年（公元前401年）前后，出生在一个比较清贫的家庭。他小时候，在一家旅舍专门招待过往客商。他为人忠厚，态度和气，对旅客热情体贴，20多岁了，还一直在这个旅店工作。

当时的郑州，是一个水陆交通要道，过往行人很多。这里又盛产各种药材，是祖国医药学的发祥地之一。有一位叫做长桑君的民间老医生，每到郑州行医采药，访求经验良方，都住在秦越人这个客舍。因他医术高明，医德又好，所以很有名望。每当这位年过花甲的老医生风尘仆仆来投宿，秦越人是像对待自己的亲人一样接待他。有时店里客满，他就把自己的床让给长桑君睡，自己随便找个地方打个盹。他看到身体瘦弱的长桑君，长年累月背着沉重的药囊，翻山越岭，走千家串万户，风里雨里为人治病，心中十分敬佩。

经过十来年的交往，长桑君觉得秦越人是个诚恳而善良的青年，可以继承他的医疗事业，便收他为徒。长桑君给他讲为医的道德，讲巫术的危害，讲诊治的要领，讲切脉的方法。手把手地教他针灸矫按的技术，将一生积累的经验和秘方全部传授给了他。长桑君还特意打开药囊，把药草一样样拿出来，教秦越人到深山采药，到外面出诊，边学习，边实践。

秦越人学得非常刻苦，他把教师讲授的知识一点一滴都牢牢记在心里。有一天，长桑君被人接到远处去出诊，却一去未归。是死于颠簸的旅途，还是诸侯争霸的战火，秦越人不得而知。他每天取出老师送给他的那块刻有“知物”二字的竹简，耳边总是回响起老师的谆谆教导：做一个医生，最重要的是要知道人情事理，要有正确的方法和医德。他严格遵照老师的教诲，更加刻苦钻研，并开始了“负笈行医，周游四方”的“走方医”的生涯。

秦越人先在郑州所在的齐国行医。他不断地从自己的医疗实践中总结经验，又不断地吸收民间的医学知识来丰富自己。这样，他不仅完全掌握了长桑君教给的医术，而且青出于蓝，渐渐超过了他的老师。

几年以后，他离齐南下，到邯郸一带行医。当时的赵国，有尊重妇女的风俗，但妇科病很普遍。为了解除广大妇女的病痛，秦越人用了几年的功夫，专攻妇科病，终于突破了这一难关。于是，所到之处，“灵鹊兆喜”，人们干脆称他“扁鹊先生”。

之后，扁鹊渡黄河到洛阳。看到耳聋、目昏、肢体麻痹等常见病折磨着许多老年人，他又做“耳目痹医”，专攻五官科。数年后，他又沿黄河西进到了咸阳，发现小儿发病率较高，便又根据当地人民群众的这一需要，潜心研究儿科病的治疗。

就这样，扁鹊处处以他的老师长桑君为榜样，不辞劳苦，周游列国，为广大的患者巡回治病。同时“随俗为变”，根据社会的需要，探索和攻克了一道道医学难关。在多年的实践中，他不断地挖掘祖国丰富的医学遗产，虚心向人民群众学习，也同各地的同行交流经验，第一个总结了祖国医学独特而科学的望、闻、问、切的诊断方法。在《史记》中就曾记载了这样一个故事：有一次，扁鹊到齐国行医，在同齐桓侯的交谈中，从他的脸色、眼神中，感到有一种病在他身上潜伏着。于是扁鹊直言不讳地说：“大王，我觉察到你已经有了病，不过病还浅，在皮肤部位，只要抓紧还可以治好。”桓侯不信，说：“我感觉很好，一点病也没有。”过了几天，扁鹊再见桓侯，发现他的脸色更不对了，便诚恳地对他说：“你的病已经侵入血脉了，再不治，病会恶化的。”桓侯仍不相信，并显出不高兴的样子，冷冷地说：“寡人无疾。”仍然不肯就医。又过了几天，扁鹊见桓侯病势更重，十分焦急，郑重地说："你的病已经到了肠胃间，再不医治，就难以挽救了。"齐桓侯这回可真生气了，心想，"我明明没病，你怎么总是三番五次地吓唬我"，干脆不理扁鹊了。大约又隔了10天，扁鹊第四次见到桓侯，没说一句话掉头就走了。桓侯觉得奇怪，便派人去问扁鹊。扁鹊说："桓侯的病开始在皮肤，用熨帖法可以治；后来病在血脉，用针灸可以治；再后病入肠胃，还可以用药酒、汤剂来治疗；现在大王的病已侵入骨髓，什么药也无济于事了。所以我只好走开。"扁鹊走后不久，桓侯果然病情发作，只短短几天便病故了。听说桓侯临死前非常后悔当初没听扁鹊的话，扁鹊也惋惜地摇了摇头。

扁鹊的望诊如此高明，他的切诊更是达到了惊人的准确高度。有一次，他带着弟子来到虢国，正遇上虢国为太子办丧事，宫内外到处都在举行消灾弭难的祈祷。一打听，才知道太子暴病而死，脸如白纸，牙关紧咬，已经半天没有气息，但还没有入殓。扁鹊详尽地询问了病情，认为太子只是假死，要求抢救。扁鹊给太子仔细地切了脉，果然发现太子还有微弱的脉息和缓慢的呼吸，大腿内侧也略有体温，便断定太子患的是"尸蹶"症，也就是类似现在的休克。于是，毅然针刺接近大脑的"百会"穴，只过片刻，太子便苏醒过来。接着，又以"五分之熨"，交替温热药敷，烫熨两侧腋下，加速血液循环，太子即在别人搀扶下可以慢慢坐起来了。扁鹊又留下几剂汤药，经过20多天的调治，太子完全恢复了健康。

扁鹊"起死回生"的故事，很快传遍虢国，妇孺皆知，大家都把他当作神仙看待。就连他的徒弟们也说："老师，人家都说你是神仙，什么病在你手里都能治好。"扁鹊听了严肃地说："我和我的老师长桑君，都像你们一样，是普通人。我并不能把死人救活，而是病人本来就没有死。我看病，除了切脉，还要看病人的脸色五官，闻病人的声音气味，问病人的感觉进居，摸病人的寒热部位，把各方面的症状结合起来，才能断定病人得的什么病，该吃什么药。"并向他们详细地讲解了"望、闻、问、切"的诊治法。两千多年过去了，他的这种科学的诊断法，中医临床上仍在沿用。

扁鹊的名声不胫而走，各国的人民都欢迎他去治病。但是，他所处的时代，是一个巫医猖獗的时代，他高明的医术遭到巫医及其信奉者的激烈反对。扁鹊率领弟子一路行医，一路宣传，用铁的事实揭露巫医的骗术。据《战国策》等史书记载，晚年他在秦国与魏国行医时，还广泛地接触了古代哲学，朴素的唯物主义思想，使他更坚定地同巫医们进行斗争。司马迁曾把他的行医原则总结为“六不治”：“骄恣不论于理，一不治也；轻身重财，二不治也；衣食不能适，三不治也；阴阳并藏，气不定，四不治也；形羸不能服药，五不治也；信巫不信医，六不治也。”从这里可以明确地看出，扁鹊不仅极端蔑视那些仗权骄横，重财轻命的人，而且对巫医巫术一向深恶痛绝。

扁鹊直至80多岁高龄仍不辞劳苦，在渭河两岸行医。秦武王也早闻扁鹊医术很高，便想请他给自己看病。但是太医令李醯却非常忌妒扁鹊的成就和声誉。他对武王危言耸听地说，“君王的病，在耳之前，日之下，若让扁鹊来治，有使你耳变聋、眼变瞎的危险”，挖空心思地阻挠。同时派出心腹监视扁鹊的动向，在一个漆黑的夜晚将扁鹊刺杀了。

扁鹊虽然被恶势力杀害了，但人民群众却永远怀念他。河南、山东、河北、陕西，他当年“负笈行医”的许多地方，都有为他修建的庙宇，树立的石碑。他留给后人的伟大著作《扁鹊内经》和《外经》，总结了春秋以前我国劳动人民的医疗经验和他自己的几十年的医疗实践，为我国传统医学奠定了基础。可惜这些著作都已散失，但这位医学先驱的动人故事却代代相传。扁鹊的美名至此留下，成为一代医学的开拓者。

五、祖冲之苦算圆周率

祖冲之出生在公元429年，正当南北朝刘宋王朝时代，字文远，范阳遒县（今河北涞水）人。他是一位伟大的数学家、天文学家和物理学家，有许多卓越的成就，其中最重要的就是对圆周率的推算。

圆周率就是圆周的长度和直径的长度之比，这是一个无限的不循环小数。祖冲之在1500年以前就确定，圆周率的值在3.1415926和3.1415927之间，比3.1416精确得多。在当时的条件下，要计算出这样精确程度的圆周率是件很不容易的事。祖冲之必须从圆的内接正六边形开始计算，十二边形，二十四边形……边数一倍一倍地增加。边数每翻一番，至少要进行七次运算，其中除了

祖冲之画像

加和减，有两次是乘方，两次是开方。祖冲之算出来的结果有6位小数，估计他在运算过程中，小数至少要保留12位。加和减还好办，12位小数的乘方和开方，运算起来极其麻烦。就这样，边数要翻11番，直到算出了内接正一万二千二百八十八边形的边长，才能得到这样精密的圆周率。要是没有熟练的技巧和坚强的毅力，是无法完成这上百次的繁难复杂的运算的。直到祖冲之以后一千多年，阿拉伯有个数学家才打破了这个精确程度的记录。

在祖冲之之前，有人提出圆周率跟22/7相近似。祖冲之把22/7作为“疏率”，提出了另一个圆周率的近似值355/113，作为“密率”，后者更接近圆周率。过了一千年，德国人奥托和荷兰人安托尼兹才先后提出355/113这个圆周率的近似值。欧洲人当时不知道祖冲之已经提出过“密率”，在他们写的数学史上，便把355/113称为“安托尼兹率”。日本数学家主张把它称为“祖率”，这是十分公允的。

祖冲之的数学著作有《缀术》和《九章术义经》，都已失传。他曾改造指南车，制作水碓磨、千里船等，都很灵巧。祖冲之从小便对天文历法和数学产生了浓厚的兴趣，正像他自己所说的那样，“专功数术，搜拣古今”（专门研究数学，搜集和整理从古到今有关这方面的资料），同时又决不“虚推古人”（盲目地推崇古人），不受古人陈腐学说的束缚。他经常观测日月星辰在天空运行的情况，每天“亲量圭尺，躬察仪漏，目尽毫厘，心穷筹策”（亲自测量数据和观察仪器，眼睛不放过一丝一毫的差别，并用尽心思进行周密的计算）。经过实际观测，他指出刘宋王朝所奉行的历法有许多严重的错误，并着手编制《大明历》。这一新的历法，首先考虑到岁差问题的计算，对于日月运行周期的数据比当时的其他历法更为准确。当时祖冲之才33岁。

但是，新的历法遭到了皇帝的宠臣戴法兴的反对，朝中百官，畏惧权势，多所附会。祖冲之无所畏惧，勇于坚持真理，写了一篇有名的《驳议》。其中有这样两句名言：“愿闻显据，以核理实”（希望听到明显的证据，以弄清事实），“浮词虚贬，窃非所惧”（对于那些空虚的贬斥之词，我是无所畏惧的）。为了追求真理，他愿意彼此拿出明显的证据来相互讨论，而鄙视那些捕风捉影的空虚贬斥。祖冲之这种开拓精神，对科学执著的追求，正是古往今来一切杰出科学家所共有的高贵品质。

六、李时珍编纂《本草纲目》

李时珍是明朝著名的医学家、药物学家。李时珍出生在蕲州一个世代行医的家庭。祖父是一位手摇串铃，四处奔波的游方郎中。父亲小时候读过一些书，是当地远近闻名的医生，并写过一些医学著作。李时珍从小念书，14 岁时中了秀才，后来三次考举人都落选了，就绝了做官的念头，选择行医作为自己的终生职业。

李时珍 24 岁开始行医，在行医中感到识药、用药是个大问题。一个医生对药物、药性不熟悉，或者一知半解，处方开得再好，也不能治好病。他还发现，许多药物学方面的书籍，例如汉朝的《本草经》、南朝的《本草经集注》、唐朝的《新修本草》、宋朝的《开宝本草》等书，在分类上有不少错误，有的将一味药分成两种，有的将两种药物混为一谈。书中记载的药物虽然有图形有解说，但是，有的图形与解说不是一回事，有的有解说而无图形，有的解说是正确的，图形却绘制得不正确。抄错刻误的地方也举不胜举。

李时珍画像

“医术再高明，处方再灵验，没有一本可靠的医药书籍作指导，也难治好病，弄不好还会害了病人的性命。”李时珍阅读的医书越多，这种担心就越强烈。

渐渐的，一股欲望在李时珍心里升腾

起来——写一部药物品类齐全、内容翔实、图文并茂的医药学著作。

李时珍开始写《本草纲目》的这一年，已经35岁了。他以唐朝人写的《证类本草》作为底本，参照各家的本草书籍，按自己拟定的体例整理十年来搜集的笔记资料。写了一段时间，李时珍发觉，古代许多官修本草书错误百出的原因，是编纂者对于许多药物并没有亲眼见过，只是从书本到书本，或者凭自己的经验猜度判断。他感到，仅仅根据古人的书籍和自己行医的经验，很多问题都解决不了。

例如，“远志”这味药，南朝陶弘景的《本草经集注》中说它是小草，形态像麻，叶青色，开白花；而宋朝马志的《开宝本草》中却说它像大青。两种说法到底谁是谁非，仅凭文字是难下判断的。

李时珍感到，要获得真知灼见，只靠博览群书远远不够，还必须深入到出产药物的大自然中去。于是，他在搜罗、参考百家书籍的同时，常常头戴斗笠，肩负药筐，带着徒弟庞宪和儿子建元，到山林、田野、江湖去观察、采集药物标本，广泛收集民间治病的土方子，与农民、渔民、猎人、樵夫、药农、果农、花匠交朋友。

他从药农那里知道：葳蕤和女葳是两种毫不相同的药用植物，过去大多数医书把它们混为一谈；南星和虎掌是一种植物的两种名称，《证类本草》中把它说成是两种不同的植物。李时珍把这些亲见亲闻的知识都一一记录下来，写进《本草纲目》中。

一次，他到武当山采药，听说山上生长一种叫榔梅的仙果，山上的道士每年都要用蜜汁腌好，献给皇帝，说是吃了可以长生不老。为了研究榔梅的真实价值，他冒着被处死的危险，偷偷采了几枚，亲自品尝，才知道榔梅的药性不过是生津止渴罢了，从而揭穿了仙果的秘密。

李时珍一边行医，一边考察药物、撰写《本草纲目》。在武昌府，他治好了楚王朱英炝儿子的气厥病，被强留在楚王府中，担任王府的奉祠正，兼管良医所的事务。《本草纲目》的编写被迫中断了。

李时珍在楚王府工作了两年，因为医术高明，被楚王推荐到京城的太医院任职。他时常惦记着《本草纲目》的写作，但是枯燥的坐班生活行动不自由，好在太医院藏有丰富的医学典籍和许多他未曾见过的秘方，还储存着许多稀有的名贵药材，敏而好学的李时珍就整日整日地读书，分辨药材。这多少排解了无法写作引起的不安。

李时珍想：太医院有这么好的条件，如果由太医院来主持编修《本草纲目》，岂不是既快又好吗？

他向太医令谈了自己的想法，哪知太医令不但没有认真考虑，反而斥责他重新修订《本草》是“擅动古人经典，狂妄至极”，其他医官则讥笑他自不量力，自讨没趣。

当时，太医院的太医都热衷炼丹升仙。李时珍非常反感，他更加感到时间紧迫，就借口自己有病，辞职回到家乡。

他拣出三年前写出的旧稿，继续编写《本草纲目》。他像从前那样，边行医，边四处考察，边写作。他多次长途旅行，足迹遍及大江南北。

《本草纲目》第一稿完成后，李时珍进行过三次修改，每次修改，他都不断完善这部书的体例，增补新的内容。当初设计纲目时，包括“释名”（解释药物名称的来源和依据）、“集解”（说明药物的产地、形态和采集方法）、“气味”（说明药物性质）、“主治”（阐述药物功用）等。后来，他亲自栽培一些药物，炮制并且临床试验，了解药物在不同情况下药性、功用的变化和适用的范围，又有了许多新的发现。因此，在修改补充的过程中，他又增加“修治”（阐述炮制方法）、“发明”（记述前人和自己使用这种药物的临床经验和药理方面的研究），有些药物还附有“辨疑”和“正误”栏，纠正过去本草著作的错误。最后还有“附方”，说明药物在临床上的实际应用。这就使《本草纲目》具有很大的临床实用价值。

一年又一年过去了，在李时珍 61 岁那一年，《本草纲目》终于脱稿了。他独自一人，呕心沥血，整整花了 27 年的时间才完成了这部 190 多万字的巨著。27 年里，李时珍参考的前人著述就达 800 多种，书中附录的药方有 11091 个，其中 8161 个是李时珍亲自搜集的民间药方。还附有药草图谱 1110 幅。这部书全面而系统地总结了我国明朝中期（16 世纪）以前药物学的巨大成就，具有重大的科学价值。

当时，这部医药学巨著并没有引起官府的重视，书商不识货，担心印了卖不出去。李时珍也没有钱去刊印这部著作。因此，这部著作好多年都无法出版。

直到李时珍死后的第三年——1596 年，《本草纲目》初刻本终于在南京出版了。1603 年，这部书在江西得到翻刻，不久就风靡全国。以后又被翻刻了几十次。

1606 年，《本草纲目》首先传入日本、朝鲜，以后陆续译成拉丁文、法文、俄文、德文、英文等多种文字，流传世界各国，被誉为“东方医学巨典”。

务实的品质

求真务实的品质

什么是务实呢？从个人来说，能够清醒地认识自己就是最大的务实；从集体来说，能够清醒地认识整个集体现状就是最大的务实；从项目来说，能够清醒了解项目目标就是最大的务实。有了清醒的认识，才会有务实的行动。知道自己缺的是什么，团队缺的是什么，项目需要的是什么，就会在各个方面以最实用有效的方式做到最好，这，便是务实的工作方法和工作态度。

现实生活中值得我们学习的品质很多，其中重要的一种，就是求真务实。这是让青少年受用一生的宝贵财富。我们首先要学会什么是务实的心态，然后我们要学会什么是务实的工作方法。我们说一个人务实可以归结为两个方面，二者缺不一可：一是要有务实的心态，二是要有务实的方法。前者是理论和精神层面的，后者是实际操作层面的。

一个人如何做才是务实呢？首先，对于自己本身，要有个清醒的定位，清醒地知道自己的优缺点，清醒地知道自己在学校、在社会中目前所处的位置，以及所能发挥的影响力。一个对自己都认识不清的人，或者不敢正面面对自己的人，是很难谈得上真正务实的。其次，不爱慕虚荣，不图虚名，不唯资历，而唯实力，唯能力。再次，不论是评判他人或他人的成果，还是决定自己采用的方法，皆以实用、有效、快速为目标，不整花哨理论，以结果为导向。

务实，是需要一定的经验来支撑的。很多的时候，可能不是你不想务实，而是你不知道如何才更务实。比如初入社会的新手，他的知识完全来自于课本和学校，而这些知识放在社会中，却不见得是完全可行的。所以，青少年可能要经过很长的一段时间才会明白这些道理。务实，也是可以一点点培养的。首先，青少年要有这方面的意愿，要意识到不务实是不好的，要意识到想要成为一个合格的人才，务实的心态是必须的。有了这个意愿，你就可以放低自己的姿态，仔细想想与别人为人处世的差异和优缺点，仔细想想你自己与其他同事的差异和优缺点，弄清楚自己擅长的方面，最大限度地发挥到最好，发挥到极致，最终，你将会凭借此点在团队中立足，进而在社会中立足。

务实地认识世界，务实地认识他人，务实地认识自己，才有了务实的观点和方法，也才有了务实的实际操作。所谓务实的方法，就是从自己现在可以实际把握的资源出发，加上自己的努力，不断把成果向前推进，一步一个脚印，直到最终的目标。学习如此，工作如此。中小学生要以求真务实的精神，为全面落实思想道德建设，作出更多的理论思考和实际努力。

求真务实的历史故事

一、信陵君重视调查

宏丽的魏国王宫里，魏安厘王同他的弟弟信陵君（？ ~前243）正玩局戏（以五木为骰，有枭、卢、雉、犊、塞）。北方边境上传来报警的烽火，说是赵国出兵侵犯魏国，而且已经越过了边界。魏王听到这个消息，马上停止局戏，打算召集大臣商量出兵迎敌。

“哥，咱们继续玩吧，没事。”信陵君阻止魏王，说，“那不是赵国侵犯魏国，而是赵王在打猎哩！”

魏安厘王将信将疑，但总觉得恐惧，心已不在局戏上了。过一会儿，又从北方传来消息说："方才是赵王打猎，并不是侵犯。"

"弟，你说对了。"魏王感到吃惊，问道，"你怎么知道的呢?"

"调查来的呀!"信陵君坦然地说，"我养了不少门客，嘱咐他们随时调查各国的情况。在赵国也有我派的人，他们天天探听赵王的活动，只要赵王有什么举动，便赶快向我报告，因此我才知道赵王刚才是打猎呀!"

魏王听了很有感触，说："你真是求真务实、重视调查的人啊!"

兄弟俩又痛快地继续玩局戏了。

二、陶弘景更正讹误

陶弘景（456～536）字通明，号华阳隐居，丹阳秣陵（今南京）人。我国南朝齐梁时期的医学家和道教思想家。齐时官至左卫殿中将军，后隐居茅山。《南史》记载，他"尤明阴阳五行、风角星算、山川地理、方圆产物、医术本草、帝代年历"。他整理汉朝《神农本草经》，写成新的药书《神农本草经集注》。

弘景读书求甚解，不人云亦云。小时候母亲给他讲过"螟蛉养子"的故事。说的是有一种叫"蜾蠃"的细腰蜂，因为它们只有雄的，没有雌的，于是它们就飞到菜地里，偷偷地把一种叫"螟蛉"的虫子衔回家，待螟蛉生出幼子时，蜾蠃便念念有词地说："像我！像我!"不久，螟蛉的儿子果然也变得和蜾蠃一模一样，成了它的儿子了。事情过去很多年了，弘景成了一个很有学问的人。一次，他和朋友一起读诗，当读到《诗经·小雅·小宛》中"螟蛉有子，蜾蠃负之"时，他又想起了母亲讲过的故事。恰巧这个朋友也提起这事，于是就问弘景说："听人说您是一部活书，什么都懂，那蜾蠃养螟蛉子究竟是怎么回事呀?"弘景有心再重复一下母亲的故事，但又怕闹出笑话，只好说："等我查查书再说吧!"

陶弘景查阅了不少书，不论是古是今，全都是一个说法。这可难住了弘景，他转而一想，这些书尽是你抄我，我抄你，查书是查不出结果的，我何不亲自去看个究竟呢?

弘景很容易就找到一窝蜾蠃。他用树枝把窝挑开，只见窝里躺着一些蜾蠃衔来的螟蛉，还有一条条的小肉虫。正好这时有几只蜾蠃飞回来了，弘景仔细观察，发现蜾蠃竟然也有雌雄，还成双飞进飞出。第二天，弘景又去看那一窝蜾蠃，正巧有一条小肉虫在咬一条螟蛉，那条螟蛉已被它吃掉一半。过了几天，弘景再去看时，窝里的螟蛉已全被吃光，肉虫都变成了蛹。再过两天，蛹又化成小蜾蠃扑扑翅膀飞跑了。

“原来如此！”那贪吃螟蛉的肉虫就是小蜾蠃，而可怜的螟蛉却被当作了“婴儿”的食物。陶弘景首次更正了这个历史上的误传，使近千年来的讹误得到澄清。回想起来，当年陶母给他讲过的“螟蛉养子”的故事，对他后来解决这个问题或许还起过作用呢！

三、顾炎武旅行治学

顾炎武是我国著名学者。他具有强烈的爱国主义思想，“天下兴亡，匹夫有责”，就是他的一句名言。

他生活在明末清初。当时，阶级矛盾和民族矛盾都很尖锐，年轻的顾炎武，对此忧心如焚。他意识到自己对国家和人民应负的责任，十分注意身体锻炼，一边和好友们操练刀枪棍棒等作战武器，一边刻苦地练习骑术。有时被烈马一连摔落三次，肩背负伤，仍然坚持练习，终于骑术也练得颇为精熟。

后来，他参加了家乡江苏昆山一带的抗清斗争。失败之后，顾炎武并没有消沉，而是开始了旅行治学的活动。

他的旅行治学，并不是简单的游山逛水或为学术而学术，而是在特殊情况下，抱着“纪政事，察民隐”的目的，寻求经世致用的有补于国计民生的道理。他到过河北、山西、陕西和山东等地，一年之中，有一半时间是住宿旅店的。定居北京后，仍然继续活动，足迹几乎踏遍了北京郊区各地。顾炎武不肯乘车或骑坐马匹，他牵的两头大骡子，驮满了图书资料，每到一处，就把实地考察结果和书本上的记载对照参看，做出科学而又详细的记录。他写的《京东考古录》和《昌平山水记》等书，就是他丰硕的治学成果。正是顾炎武这种求真务实的品质，才有了他后来的成就。

四、司马迁写史信为首

司马迁写《史记》的时候，有个朋友前来探望，两人寒暄几句后，司马迁便又伏案书写，手不停挥。朋友就拿起司马迁的书稿，读起来……

那位朋友读着《李广列传》，见司马迁在传记里描写李广退敌、脱险、射虎，件件写得神采飞扬，惟妙惟肖……字里行间，充满了敬佩之情。

朋友读完后，说："你那么爱戴李广，为什么还写这个呢？"司马迁停住笔，凑过来一看，原来朋友是指他在文中写了李广官报私仇等缺点，司马迁还没回答，朋友又开口了，他说："这样写将军的缺点，流传后世，岂不有损将军的形象吗？"

"我写的是历史，信，是第一条，怎能以个人爱憎去歪曲历史真相呢？"司马迁反问道。

"啊，原来如此！"朋友明白了。果然，司马迁同情项羽，却也详细地写出了项羽必然失败的命运；司马迁厌恶刘邦，但也写出了他必然成功的条件。朋友点点头，望着正在写作的司马迁，暗自称赞："他真是个崇实的人啊！"

五、求真务实的范缜

南朝时，佛教思想流行。佛教宣扬今生信佛，来世便可以托生于富贵人家，最虔诚的人还能够升登天国"乐土"，永远摆脱人世的烦恼；不信佛，死后就会被打入地狱，或者变猪、变狗。因此，很多人相信"因果报应"，迷信"来生"。

当时的皇帝、贵族都大力扶植这种思想，齐朝的竟陵王萧子良就是一个以信佛出名的人。

萧子良喜欢接纳文学名士，经常请这些人到他的王府——西邸作客，当时有"西邸八友"的美称。在"西邸八友"中，有一个人名叫范缜。他博学多识，性格刚直。尤其难得的是，范缜不苟合于流行的信佛思潮，有自己的独立见解。这使信佛的萧子良有些不愉快。

有一次，萧子良对范缜说："你不信鬼神，不信因果报应，请问，世界上为什么有的人富贵，有的人贫贱？有的人享福，有的人受苦？"

范缜指着庭前盛开的花树，说："人生就好比这棵树上的花，有些花瓣随风吹到厅堂，落在席上、坐垫上；有些吹进厕所，落到茅坑里。这完全是偶然的，哪里有什么因果报应呢？像您，生在皇家，就如飘落在席上、坐垫上的花；像我，就如落到厕所里的花。"

生动的比喻，说得萧子良哑口无言。

事后，与萧子良的这番对话，在范缜的脑子里萦绕了几天。他想，竟陵王的说法，代表着当时大多数信佛的人的思想，自己的那番比喻还没有把佛教的虚伪性和欺骗性全部揭露出来。他决定写一篇文章，完整、系统地说明自己的观点。

过了一段时间，范缜的文章写成了，定名为《神灭论》。文中批判了佛教思想的核心——魂灵不灭的谬论。在文章里，他指出信佛的动机是由于自私的打算过多，揭露佛教"用渺茫的谎言迷惑人，用地狱的痛苦吓唬人，用夸大的言词引诱人，用天堂的快乐招引人"，使得"家家骨肉分离，人人子嗣灭绝"，"粮食被游手好闲的僧众吃光，财富被奢侈的寺院建筑耗尽"。

《神灭论》的初稿在一些人中流传开来，马上激怒了信奉佛教的腐朽的统治集团。

有一个佛教信徒是个世族大地主，名叫王琰，他搬出儒家尊敬祖宗的教条来攻击范缜，他说："范先生啊！你竟不知道你的祖先神灵在哪里！"范缜巧妙地回答他，说："王先生啊！你既然知道你的祖先神灵在哪里，怎么不自杀去追随他们呀！"

几天后，萧子良又派一个叫王融的人去对范缜说："像你这样的美才，还怕做不到中书郎那种高官，何苦坚持这个观点，阻碍自己的前途呢？"

范缜听完他的话，哈哈大笑起来。王融一时摸不着头脑，还没明白是怎么回事，只听范缜说道："假若我出卖我的神灭论主张去换取官禄，再大的官也做到了，岂止是一个中书郎呢！"说完，拂袖而去。

不久，范缜被派往宜都（今湖北宜都）任太守。他到任后不久，就发现这里的百姓迷信鬼神，到处建有神庙，香火很盛，许多人去求签问卜。范缜立即下令拆毁这些神庙，禁止在神庙供奉鬼神。

当时的官僚都认为，到地方上担任刺史、太守，是发财的机会，可是范缜却自奉甚俭，除朝廷的官俸之外，绝不再多取多占。

几年后，萧衍做了皇帝，建立梁朝。他就是历史上以信佛而著称的梁武帝。

梁武帝在做皇帝后的第三年，下了一道诏令，宣布佛教为国教。一时间，信佛的空气弥漫全国上下。就在这种情况下，范缜却把他的《神灭论》修订定稿，在亲友之间散发。

梁武帝看到《神灭论》，心里很不痛快，又下了一道诏书，一边说这个问题可以自由讨论，一边说范缜是“违经背亲”。

管理全国僧侣的最高僧官、大僧正法云利用梁武帝的敕旨，将它抄写了很多份，遍送当时王公贵族，想煽动他们围攻范缜。

很快，有62个王公显贵陆续写信答复法云，表示坚决反对“神灭论”这一学说。但这些信所谈的内容只是附和梁武帝的敕旨，责骂范缜，谈不上讨论问题，商榷是非。尽管如此，这种态势对于范缜来说仍是一个巨大的压力。

范缜并没有因为压力和孤立而屈服，被吓倒，他一有机会就与人辩论，哪怕面对很多对手，他也毫无惧色，鲜明地发表自己的观点，勇敢地进行论战。

范缜的所作所为使梁武帝很恼火。梁武帝不再主张自由讨论了，第二年，他就发布命令，不许范缜再发表“神灭论”的观点，随便找了个理由，将范缜贬到边远的南疆广州。

范缜一直坚持他的观点，至死也未悔改！

六、求真不撒谎的晏殊

晏殊是北宋著名的文学家，他不仅诗词写得好，而且也是有名的政治家和学者。晏殊刚刚十三四岁，就以博学多才出了名。后来，他被地方官作为“神童”推荐给朝廷，让他去面见皇上。

可巧，晏殊到达京城时，正赶上科举会试。考生们都是经过各省选拔、成绩名列前茅的才子。晏殊是作为“神童”选来见皇帝的，本可以不参加考试。但晏殊觉得只有经过考试，才能检验自己有没有真才实学。于是，他申请参加考试，得到了皇上的批准。

考场上汇聚了一千多名从各地赶来的考生，他们有的是连考多年，两鬓斑白的老先生，有的是风华正茂的青年书生，其中只有晏殊最小，还不满14岁。开始，他心里有点紧张。可转念一想，自己年纪还小，如果证明自己的学问确实不够，那就回家继续苦读，有什么可怕的呢?

等考题发下来，晏殊定睛一看，简直不相信自己的眼睛了！原来，这个题目自己曾经作过，那篇文章还受到好几位名师的称赞和指点呢。这时候，晏殊的心里就斗争开了：按说，那篇文章的确是自己独立写成的，现在把它照样抄下来，当然也能反映自己的水平，不应该算是作弊。可是，不管怎么说，那毕竟是在自己的家里写作，气氛当然不像这里紧张、肃穆。如果是在考场上，恐怕就不一定能写得那么好了。晏殊想起老师曾经讲过，做学问必须诚实，如果对自己放松要求，那只能害了自己。

想到这里，晏殊决定把实话讲出来，要求主考官给自己另换一个试题。可是，考场上的规矩很严，晏殊几次想说话，都被监考人制止了。迫不得已，晏殊只好以那篇文章为基础，又做了些修改加工，写好之后，交了卷。

几天之后，十几位成绩最好的考生被召集到朝廷大殿上，接受皇上的复试，晏殊当然也在其中。轮到晏殊时，皇上高兴地对他说："你的文章，我亲自看过了，没想到你小小年纪，竟有这样好的学问。"

不料，晏殊却跪下来，自称有罪。接着，就把自己曾经做过那个题目的事情讲了一遍。并且请求皇上另出一个题目，当堂考他。

晏殊说完，大殿上鸦雀无声，众人都惊呆了。心想这个少年真是傻到极点了，遇到自己练习过的考题本来是天大的好事呀，怎么反倒要求换个题目，另考一遍呢！

过了片刻，皇上突然大笑起来，说道："真看不出，你这孩子不仅学问好，还这样诚实、有志气。好吧，我就成全你吧。"

当下，皇上与大臣们一商议，就出了一个难度更大的题目，让晏殊当堂做文章。晏殊压抑住内心的紧张，很快写好文章交上去。大家一看，都称赞写得不错。皇上十分高兴，连连夸奖晏殊，并且当场授予晏殊一个等同于进士的学位，还吩咐人给晏殊安排一个官职，先让他锻炼一下，期望他日后成为国家的栋梁之材。

博爱的品质

博爱天下的品质

只有懂得博爱的人才能去尊敬老人，爱护小孩。博爱不是滥爱，是广博之爱，博爱要的是用宽广的心胸去容纳这个大千世界。博爱要求每一个社会人都能明确自己的社会责任，既要爱护自己也要爱护别人。对他人热忱，去帮助身边需要帮助的人。博爱要懂得给予，不求获得。这种博爱，要给予家人，给予朋友，给予需要帮助的人。但有一点我们必须搞清楚，博爱并非滥施滥爱，而是仁者之爱。下面我们简单说一下博爱之敬老。

尊老爱幼是中华民族的传统美德，也是新中国以法律形式所明文规定的每个公民必须履行的义务。“尊老”，即尊敬老人。老人为社会贡献了青春年华，创造了财富，积累了丰富的知识和经验，理应受到尊敬。他们因为年纪大，行动不便，举止不灵，我们年轻人应尽量去关心、体贴、照顾他们，不仅仅局限在对自家的长辈，还应涉及全社会的老人，对他们都要尊敬。敬老爱老助老是我们中华民族的传统美德，是先辈传承下来的宝贵精神财富。在我们源远流长、博大精深的传统文化中，重视人伦道德、讲究家庭和睦是我们文化传统中的精华，也是中华民族强大凝聚力与亲和力的具体体现。中国古代就有“卧冰求鲤”、“亲尝汤药”等 24 孝的故事。“老吾老以及人之老”成为做人的一个准则。“身体发肤，受之父母”，一个人依托父母来到这个世界上，同时又要依靠父母的辛勤养育才能长大成人。

多少父母在孩子生病的日子里忧心如焚、夜不能寐；多少父母为使孩子吃饱穿暖，宁愿自己省吃俭用，节衣缩食；多少父母为使孩子生活得更好一些，废寝忘食，忘我工作。孩子长大后，作为对父母养育之恩的回报，赡养和孝敬父母乃顺理成章之事，“谁言寸草心，报得三春晖”，既为人子，对父母行孝道应是最起码的行为标准。

爱得博大精深，才是博爱。博爱，是“不独亲其亲，不独子其子，老吾老以及人之老，幼吾幼以及人之幼”。博爱，是一种崇高伟大的爱。

博爱天下的佳话

一、虞舜孝顺传中华

太史公司马迁赞誉虞舜说：“天下明德皆自虞舜帝始。”虞舜20岁以孝闻名天下，30岁为尧所知并娶其两女，50岁代尧行天子之政，在位39年。其时华夏族疆域扩大，政治清明，百姓安康。虞舜所处的时代，成为历代政治家最为向往的社会。

舜，是颛顼的六世孙。舜的父亲名叫瞽（gǔ）叟，就是“瞎老头”的意思。因为他有眼不识贤愚，于是有这样一个诨号。

瞽叟的妻子一次看一道美丽的彩虹发呆，忽然觉得心动而怀孕，后来在姚墟生下一个儿子。这孩子就是舜。他每只眼睛都有两个瞳仁，起名重华。后来，他又封于虞，所以叫虞舜。

舜生下不久，母亲就死了。幼小的舜从未得到过父亲的疼爱。瞽叟不久又娶了一个年轻美丽的妻子，生下一个叫象的儿子和一个女儿，舜的日子就更不好过了。舜得不到一点家庭的温暖，性格却非常笃厚善良。他遭到父亲的毒打，总是默默地流泪，实在忍受不了时，就独自跑到荒野里大哭一场。尽管这样，舜仍然仁爱地对待他的父亲、后母和弟妹。

经过无数个难挨苦熬的日日夜夜，舜终于长大成人。他孝敬父母、友爱弟妹的贤名已传遍华夏各部。但是，狠心的父母待他依然如故，舜只好离家出走，来到他早就向往的东方。

舜先是在历山开荒种地，没过多久，历山的农民受他的感化，都争着让起田界来。舜又到雷泽去打鱼，过了不长时间雷泽的渔夫也都争着让起渔场来。舜后来又去寿丘制造各种家具器物，人们听说后纷纷迁来居住，仅一年时间，这地方就成为村庄，再过一年就成了一个较大的集镇，又过一年竟成为很大的城市了。舜的名声由此更加显扬。

天子尧决定让舜继承帝位，于是尧把两个女儿娥皇、女英嫁给舜，让9个儿子伴随舜。结果在舜的感化下，尧的两个女儿都不敢以帝女自骄，而是像一般人家那样与邻里和睦相处，尧的9个儿子也都尊敬舜，性格也日益笃厚恭谨。尧非常高兴，于是赐给舜一把琴和一套细葛布衣，为他修建了几间谷仓，并且给了他一群牛羊。

虞舜像

舜自己做了天子的贵婿，并没有忘记他的父母，于是带着两个妻子去见家人。瞽叟一家人见舜携妻载物归来，非但没有收敛恶习，反而处心积虑地想把舜害死，好得到他的财产和妻子。

有一天，象喊舜去修缮谷仓，舜回家告诉了妻子，两个妻子每人送他一个竹笠遮日。当舜爬上谷仓后象和瞽叟就从下边搬走梯子放起火来。舜将竹笠举起，从谷仓上跳了下来，斗笠像鸟翼一样，增加了浮力，他居然没有一点损伤。

鼓叟和象一计未成，又想出另一阴谋。

这一天，瞽叟又叫舜去浚井，舜又回家告诉了妻子，两个妻子每人送他一柄锋利的铲子。舜下井后迅速在井壁用两把铲子凿了一个洞穴，刚刚凿完，瞽叟和象就搬来土石，往井里填土，填了一阵，听听井里没有动静，以为舜已死去，非常高兴，于是立即跑回家去分赃。

象抢先说："主意是我出的，两个嫂嫂和琴分给我，牛羊财物就给爹妈吧！"说完就飞快地跑到舜家，拿着琴在那里摆弄，想得到两个嫂嫂的欢心。没想到，舜已用两把利铲把井凿通赶回家来。象见了大吃一惊，非常生气，过了好一阵才说："我正在想念你呢！"

舜丝毫也没有生气的样子，很平静地回答说："如果这样，你一定很懂得兄弟情义了。"

瞽叟和象还不死心，他们又借陪礼之名请舜饮酒，想把他灌醉后杀死。不想此事被舜的同父异母妹妹闻知，她同情哥哥的遭遇，连忙把这事告诉了嫂嫂。当象来请舜时，两个妻子分别送给舜一包解酒的东西，然后舜就去赴宴了。

宴会上，陪酒的人都醉得不省人事，而舜却毫无醉意——这场阴谋又失败了。经过这几件事以后，舜待父母弟妹更加孝悌友爱，瞽叟和象这才回心转意，一家人从此和和睦睦地过起日子来。

二、"儒将"孝母

出生于广东梅县的叶剑英元帅，文武兼备，才华过人，素有"儒将"之称。同时，这位气度非凡的"儒将"，还兼有孝敬父母的美德，尤其对生身母亲，感情更深。

叶剑英的母亲陈秀云，是一个勤劳贤惠的农村妇女。她为了维持一家人生计，除操劳繁重家务，还时常给人打零工贴补家用。在艰难的岁月里，她所生的8个子女，因贫病交加有一半夭折，心灵多次遭受创伤。母亲的勤劳和艰辛，给童年时期的叶剑英留下了深刻印象，也使他从小打下了孝敬母亲的根基。所以，从上私塾起，为了使母亲得到一些慰藉，也为了减轻母亲的负担，叶剑英不但用功读书，以优异的学习成绩回报母亲，放学回家还常干些力所能及的家务劳动，或和穷孩子们一块上山拾柴、割草……

后来，叶剑英随父出外谋生，依依不舍地离开了母亲。以后他又穿上戎装，东征西讨，难得同母亲见面。1927年底，叶剑英参加领导的广州起

叶剑英

义失败后，遭反动派通缉来到香港，同也在香港避难的阿母相见（此时父亲已经去世）。母亲在兵荒马乱中见到儿子，悲喜交加，很想留儿子在身边多住些时日。而叶剑英又何尝不想多陪伴母亲一段时间，侍奉老人尽些孝心呢。但他想到革命重任在身，只好把照管母亲的事委托给弟弟妹妹。临别时，他劝母亲再苦熬几年，等待革命成功后团聚。母亲理解儿子，同情革命，与叶剑英洒泪而别。不料，母亲没有等到革命胜利，于抗战胜利的前一年离开了人世。叶剑英在延安得知母亲去世的噩耗，极为悲痛，挥笔写下了“尸骨抛沟曾逆料，阿母生我最艰难”的诗句。当时，他怀念母亲，特意把胡子留起来，说，每当我摸到胡子，就想到母亲，我要用伟大的母爱，去爱全中国人民。

全国解放后，叶剑英仍在深深地怀念着母亲。一次，他从家人手里得到一张母亲照片，非常珍爱，小心翼翼地把它镶在镜框上，挂在自己的书房里。叶剑英深情地望着面带笑容的阿母遗像，在照片旁写下了这样两行字：“为人民的儿子而微笑，为人民的儿子而欢心。”

三、许世友的孝子心

在许世友一生的情感世界里，占有绝对重要位置的仅仅两个人，一个是毛泽东，一个是他的母亲。“活着尽忠，忠于毛主席；死了尽孝，替老母守坟。”这便是许世友常挂在嘴边的一句话。

在母亲面前，许世友永远是个大孝子。他常为自己参加革命之后，母亲遭受灾难和折磨而深感不安；他常为自己因军务繁忙，不能亲自伺候老人而倍觉内疚。

许世友的母亲许李氏，是一位淳朴、忠厚的山区劳动妇女。1905 年 2

月28日（农历正月廿五日），许李氏生下了她的三伢仔（红军长征后，毛泽东为他改名为许世友）。就是这个三伢仔，由于营养不良，那小胳膊小腿瘦得简直如同柴禾杆，直到两岁多了，连站都站不稳。时逢连年灾荒，一家九口，缺衣少食。许世友的父亲许存仁在万般无奈的情况下，准备以两斗稻谷把三伢仔卖给人贩子，许李氏不顾一切地扑了过去死活不放手，多亏了许李氏一颗慈母心，三伢仔最终没卖掉。

不久，劳苦一生的许存仁得了痨病。临终弥留之际，他叮嘱儿女们："伢仔，你们的娘为了养活你们，吃尽了苦呵，你们长大后一定要好好孝敬娘啊……"

许世友

许世友流着一串热泪，跪在地上对父亲说："俺晓得了……"

父亲早逝，使得支撑门户和抚育子女的重担全部落在了母亲的肩上。因此，在童年许世友的心目中，父亲的印象是模糊的，而母亲却是世界上最了不起的人。许世友以后那倔强、果断、勤俭、自立的个性，大都得益于母亲以身示范的启蒙。

许世友8岁那年，为了吃上一口饭，活上一条命，母亲把他交给了一个善良厚道的少林高手，让他到嵩山少林寺打杂学艺。

离家那天，许世友泪流满面，带着家中仅有的7个鸡蛋，一步一回头地喊着："娘，娘，俺学到了本事就回来养娘……"

就要分手了，母亲突然想起了什么，赶忙奔过来，一把抱住他的三伢仔，用干裂的双唇紧紧地贴在三伢仔那黑瘦的脸上。然后，她撩起衣角轻轻地为儿子擦去泪水，并从手上脱下那堪称家中唯一财产的她当年的陪嫁品——一副银镯子，交给她的三伢仔，叮嘱道："儿是娘的心头肉，镯是娘的无价宝，今后有娘的这副镯子在你身边，你就不会想娘了。记着，好好用功学艺。”

说完，母亲掩面而回。

“娘！娘……”许世友呼喊着，跟着师父，踏上了征途。

到了少林寺，老方丈告诫他：“家有家法，寺有寺规。入寺要受戒，受戒就要削发为僧，灭七情，绝六欲，不认爹娘……”

许世友一听，忙道：“师父，俺来学艺练武就是为了俺娘，往后养娘。你要是不让俺认娘那俺就不学了，俺这就回家去。”

“阿弥陀佛！”老方丈双手合十，继而说道，“念你对母一片孝心，又是远道而来，就在这里作个杂役吧！”

从此，许世友开始了少林寺的杂役生活。8 年后，16 岁的许世友艺成返家。母亲见昔日的三伢仔长高了，长壮了，她那飘着缕缕白发的脸庞上，流露出幸福的微笑。

许世友从少林寺归家后不久，恶霸少爷李满仓无故寻衅闹事，殴打大哥，污辱母亲，许世友怒火心中烧，仅两拳就打得那小子一命呜乎。许世友知道自己闯下了大祸，决定离家出走。临走前，他从内衣口袋中掏出 8 年辛苦换来的 20 块大洋，双手敬给母亲。可是，当他在追赶的狗吠声中跑出村外时，却发现他给母亲的 20 块大洋又回到自己的小包袱中……

后来，许世友当上了农民敢死队的队长，上木兰山打游击去了。还乡团举着屠刀回来了，母亲带着儿女们东躲西藏，历尽艰难。在大别山的一片野林里，许世友背着大刀找到了母亲，“扑通”一声跪下：“娘，孩儿不孝，俺参加革命连累您了。”“傻孩子，别说这些。共产党好，共产党报了咱家的世代深仇。你参加革命，娘心里高兴。”

红四方面军要西征了，刚办完婚事的许世友接到了开拔的命令。许世友又跪在母亲面前说：“娘，部队要走了，今夜就出发，你让俺去吗？”母亲先是一惊，继而缓缓说道：“娘不拦你，你去吧！……”就是这次一别，一晃就是 10 多年，直到 1948 年初秋的一天，母亲才从当地党组织负责人那里得到她的三伢仔的消息：“世友同志没有牺牲，他现在担任解放军山东军区司令员，正率部辗转于山东大地……”

不久，远在济南的许世友收到了母亲捎来的书信，还有布鞋、鞋垫等物，他那思念母亲的感情像闸门一下打开了。一星期后，许母便被儿子派人接到了泉城。

母亲来后，许世友亲自动手为母亲洗衣做饭，亲自将洗脸水一次次端到母亲面前。

儿子的孝敬，母亲当然十分高兴。可是，仅仅过了一个星期，母亲就住不下去了。她不习惯这里的生活。她要在家里养鸡、喂猪、种菜，她要到路边割草养鱼。她眷恋着自己的故土，她要回乡下去，回到那已苦守了几十年的草屋去。

儿子理解妈妈，更敬重妈妈。在妈妈面前，他永远是一只柔顺的小绵羊。他愿意满足妈妈的一切愿望。

于是，许母又回到了大别山下那个小村子。

1957 年冬，南京军区司令员许世友回到了家乡。这是许世友解放后第一次回乡，也是他一生中最后一次与母亲相见。

那一天下午 5 时左右，当许世友跨进家门时，许母身着蓝布大褂正在忙着喂猪。许世友抑制着激动的心情，轻轻地喊了一声："娘。"

许母一听这熟悉的声音，连忙放下手中的活儿，惊喜地打量着这个突然出现在眼前的儿子，喃喃地说："噢，真是我那三伢仔呀？"

许世友上前伸出双手紧紧地搂扶着年迈慈祥的母亲，双眼闪动着不易轻弹的游子泪。

在简朴的家里，许世友拿钱让人买了一头大肥猪，宰了招待乡亲们。他在家呆了一天两晚，没离开这小屋一步，一直陪伴着他的母亲。

离别的时候，许世友用他那双厚实有力的大手，拉着母亲久久地说不出一句话。

后来，还是母亲先开口了："孩子，你放心地去吧。"

许世友含着泪水安慰母亲："娘，您放心，俺还会回来看望您老人家的。"说完，他举起右手向母亲庄重地行了一个军礼。母亲微笑着，望着儿子一步一步地走向远方。

不想这一别，母子俩竟成永诀。

1985年10月22日，一代名将许世友在南京逝世。

四、三族一家敬老爱幼

在云南省泸水县上江公社，有一户由汉族、白族、傈僳族组成的九口之家。老夫妻俩，一个是汉族，一个是白族。他们养子的后妻，又是傈僳族。这九口是养父、养母、养子、养子的后妻、养子前妻的儿子、养父母已故亲生女儿的三个孩子、养子后妻的儿子。他们之中，好多是没有血缘关系的，却能尊老爱幼，和睦团结，受到人们的赞扬。

年近古稀的汉族老人和钧，原籍云南保山县。老伴赵阿四，是大理白族自治州剑川县的白族。老两口只有一个独生女和桂仙及一个养子和应光。1978年以前，和桂仙患病去世了，遗下三个小男孩。这样，赡养双亲的担子就落在当时只有22岁的养子和应光身上。应光对养父母很体贴，常年起早贪黑地下地搞生产，以维持一家的生活。他对于老人，则重活不叫做，远处不让去。60多岁的养母，精神和身体都还不差，和应光也总是舍不得她下地劳动，只让她在家领小孩，喂猪养鸡。这里养猪的主要青饲料，是木本构皮树叶，需要爬上树去扯。和应光怕老人摔着，总是自己下地劳动回来后，再去扯构皮叶，决不让老母亲去。养父年老多病，应光就常常到公社卫生院或大队合作医疗室为老人抓药，煎汤喂药，精心调治。和应光还省吃俭用，抽草烟，穿旧衣，省下钱来让老人吃好一些。养父喜欢喝酒，有时去邻居家串门，人家请他喝酒，他往往喝得烂醉，神志不清。应光一次又一次地去找，把老人背回家来，从不发脾气。

1981年2月初，和钧老人病情严重起来了，生活不能自理，昼夜要人在身边服侍。当时正是社员统一上山砍柴禾的季节，和应光就白天上山，晚上守着父亲，背老人上厕所，给老人洗脸、洗脚和换洗衣服。

养父因为年老有病，性情变得古怪了，脾气也很暴躁。这时，应光懂得“恭敬不如从命”，尽量顺着老人，不与老人计较，使养父能经常保持心情舒畅。应光的生母还健在，应光对她也很好。养父母见应光对他们亲如生身父母，也很能体谅应光，使一家人过得和和睦睦。

1979年，和应光与本县称戛公社的傈僳族姑娘杨玉妹相爱并结了婚。

玉妹也是一个心地很好的姑娘，待应光前妻遗下的刚满3岁的男孩和春平，亲如自己的孩子。人们常说："云缝的太阳，后娘的巴掌。"年轻的玉妹却不是这样，从没打骂过春平。白天劳动再辛苦，收工回家，她就要亲昵地把小春平不是背就是拉地带在身边，有点什么好吃的东西，也总要留着给春平。到生产队开会，去邻村邻户串门，也都要带着春平。孩子小，不懂事，有时要用小手在玉妹身上乱撕乱打，玉妹也舍不得骂一声，只是望着孩子笑笑。

1981年5月，玉妹生了一个小男孩。她对小春平依然关心如初。白天，两个儿子留在家给婆婆照管，到她回家给自己的孩子喂奶，仍要把春平搂在怀里。玉妹疼爱孩子，婆婆又深深疼爱着玉妹。有一次，玉妹病了也不愿离开家去求医服药，婆婆硬是搀她去两里外的大队合作医疗室看病，使玉妹的病能及时治好。

与和应光一家共同生活的，还有和桂仙遗下的三个孩子。他们的生活，也都靠和应光夫妇照管。大侄女秀春读中师，大侄儿武春读初中，和应光夫妇不管家庭经济多困难，也不让他们去参加生产，而是东借西凑，处处精打细算，千方百计地为他们筹集学杂费和其他费用，让他们能上学读书。最小的侄女秀兰一到入学年龄，他们也立即送她去上学。卧床在家的老父亲需要照料，老母亲只能从事一些轻巧的家务劳动，里里外外的主要劳动全落在应光夫妇肩上，够忙的。可是，他俩都还是尽心尽力地抚育着几个侄儿侄女的成长，生活上对他们关怀备至，毫无怨言。大侄女和大侄儿读书要住校，应光夫妇还经常叫他们从家里带酱菜、肉油、豆豉等去调剂生活。平时卖了农副产品或年终分配时所得的现金，小夫妻俩也都舍不得为自己添置什么物品，而要给在读书的侄儿侄女和老父母添衣服。

现在，秀春已经当上了中学教师，武春读中师三年级，秀兰读小学四年级。他们随着年龄的增长，对辛勤抚育他们成长的叔婶感情更深了，每逢星期天或放假，他们就往叔婶家里跑。秀春参加工作以后，还供应弟妹一部分费用，并经常买些东西回来孝敬她的爷爷、奶奶、叔叔、婶婶，多次买米糠回家帮助叔婶喂猪，开展家庭副业。

依靠一家人的共同努力，特别是应光夫妇的努力，这个多民族之家成为一个和睦团结的家庭，可以说是中华民族的一个缩影。

五、邓小平敬母

夏伯根老人对邓小平来说，既不是他的生母，也不是养母。她出身于嘉陵江上一个船工的家庭，是一个真正的贫苦人家，田无一垄，地无一分，她嫁给邓小平的父亲邓绍昌后，生下第三个女儿邓先群还不到一年，丈夫邓绍昌便去世了。

15 岁的邓小平，当年顺长江南下，走出重庆，走出四川。29 年以后，邓小平率领千军万马前来解放大西南，又回到了四川，回到了重庆。四川解放后，邓小平坐镇重庆，是中央下属几大行政区域之一的最高官员。这时的邓小平已是 45 岁的中年人了。有了一个安稳的家庭后，邓小平就准备承担起赡养继母的义务，让夏伯根老人享受天伦之乐。

夏伯根老人听说儿子回来了，兴奋之极。她把大门一锁，提了一个小包裹，坐上小船，就来到了重庆。她连家也不要了，田产和房产都不要了。从此，她和邓小平一家住在了一起。

邓小平调到中央工作后，也把继母一同带到北京，使夏伯根老人安度幸福的晚年。夏伯根老人在跟随邓小平一家生活的这些年里，邓小平夫妇待她如亲母，从不分你我，在饮食、卫生、穿戴等生活各方面，十分周全地照顾老人、安抚老人，使她晚年心情愉快。

邓小平

值得一提的是，在邓小平被打倒“流放”到江西住“牛棚”的日子里，夏伯根老人同邓小平夫妇相依为命，熬过了艰难的岁月。他们三人的年龄加在一起在 200 岁以上。卓琳的身体不好，邓小平为了照顾卓琳的身体，又不肯让年事已高的继母再承担过重的家务，便独自挑起了家务劳动的重担，劈柴、生火、擦地等重活脏活邓小平都亲自干。夏伯根老人也总是尽量多地干一些力所能及的家务，以减轻儿子的负担。她趁邓小平夫妇去工厂劳动的时候，总是先把饭做好等着他们回来吃，不时帮助洗洗衣服，还为家里养了一些鸡。夏伯根老人能够高寿，与邓小平夫妇对她的爱戴、敬重、关心、照顾是分不开的。

小平同志身为国家领导人，对继母关心备至，如同生母，几十年如一日，无愧一代伟人。

六、刘少奇敬老

1941 年 1 月初，在新四军重建军部的盐城仓头庄，人们经常见到一位年纪 40 开外，身穿灰色旧军装的新四军干部，在村头和农家往返出入。他就是中共中央中原局书记、华中总指挥部政委刘少奇。

刘少奇

1940 年 11 月 23 日，新四军华中总指挥部从海安迁到盐城文庙，刘少奇率干部千余人随之来到盐城仓头。这是一个有 60 来户、200 余人口的村庄。

刘少奇到达仓头，正值天寒地冻，群众饥寒交迫，加之兵患灾连，青壮年大多外出逃荒避难，在家的多数是老弱病残。他一进庄就深入到大家小户，访老问苦，为老弱病残者排忧解难。

庄西有一个贫困户叫李锦才，年过花甲，早年丧偶，独生女远嫁外地，无依无靠，孤身一人。刘少奇听他介绍有烹饪手艺，就把他安排到食堂当炊事员，使这位老人生活有了着落。庄东北角一孤寡残疾老妇李徐氏，年近七旬，晴天靠乞讨度日，阴雨天行走不便，只能留在家里挨饿。刘少奇到她家走访后，每天派炊事人员给她送饭菜，还帮她修好了破房子。她深受感动，天天烧香祈祷："保佑新四军打胜仗，保佑恩人长命百岁。"

一天下午，刘少奇和警卫员冒着雨夹雪到李锦喜家串门，发现床上3个人挤在两块破棉胎里，因无衣掩体，起不了床。李锦喜虽才50多岁，因常年患病，生活极端困难。刘少奇回来后，立即叫警卫班的战士送去自己穿的两套军装和100斤粮食，并派军医天天上门为他治疗疾病。春耕开始后，刘少奇又自己掏钱，为他购买了稻种和农具，帮他解决了生产、生活上的困难。

仓头人民最难忘的是1941年1月中旬的一天，那是“皖南事变”发生后，刘少奇连续第六个不眠之夜。全庄灯火早灭，唯有刘少奇消瘦的身影仍在办公室的灯光下闪动。他正在和乡、村干部筹划庄上已断炊的30多户老年人的生活问题。刘少奇逐一了解各断炊老人情况之后说，由农会负责，组织他们加工军粮。为了照顾老人的利益，降低上缴粮的成品率，高粱由原来上缴80%下降到60%，玉米由原来上缴90%下降到70%。第二天，断炊户听到此消息，振臂高呼：“我们有活路了！我们有救星了！”

两天后，全庄办起了30处老年家庭粮食加工厂。不但顺利地度过了当年的春荒，而且不少老人家庭养了猪、积了肥、种了田，夏秋连续丰收，生活开始逐步好转。

刘少奇在仓头庄工作、生活不足8个月，但他尊老爱老的精神，一直留在当地人民心中。

尊师的品质

尊师重教的品质

一、尊师重教

知识为人类开辟了认识世界、了解世界、掌控世界之路，而老师是带领我们打开知识大门的领路人。老师的工作没有轰轰烈烈的场面，只是在一方小小的讲台上默默无闻地耕耘、浇灌，平凡而艰辛，却蕴含着伟大，创造着神奇。人的成长成才离不开老师。一个没有老师、没有知识的社会，不过是一片贫瘠的荒漠。

尊师重教是中华民族的传统美德。在中国历史上，凡有作为的政治家、思想家、教育家无不重视教育，尊重教师。古人云："三教圣人，莫不有师；千古帝王，莫不有师。""不敬三师，是为忘恩，何能成道？"回顾从古到今先哲贤圣对尊师重教的精辟论述，应对我们有深刻启示。

《礼记·学记》中指出："师严然后道尊，道尊然后民之敬学。"意为：教师受到社会普遍尊敬之后，教育才能得到重视，教育得到重视后人们才懂得努力学习。三者的关系互为前提。教师受到尊重意味着人们重视教育，人们接受教育就会认识到学习的重要性，为懂得更多的道理就会重视学习，尊敬老师。如此良性循环，古人对其认识是相当深刻的。《吕氏春秋·劝学》中讲道："疾学在于尊师。"戊戌四君子谭嗣同在《浏阳算学馆增订章程》中也曾告诫世人："为学莫贵于尊师。"《荀子·大略》中说："国将兴，必贵师而重傅……国将衰，必贱师而轻傅。"深刻地阐明了国家兴衰与重视知识、尊敬教师的关系。《礼记·学记》中还指出："凡学之道，严师为难。"意为：在所有做学问的道理中，尊敬老师可谓难事。尊敬老师是学生的本分，然而尊师难以持之以恒。初学尊师并不难，但是学生逐渐学有所成，甚至超过老师时，尊师就很勉强了。这也是有些人终不能成大气候的根本原因。古今中外，无数事例告诉我们应该尊敬老师。我们只有通过自身的实际行动来弘扬尊师重教的优良传统，才能在社会上树立良好的学风，有力地推动我国教育事业的发展。

二、尊师体现在哪些方面

首先要尊重教师的劳动。教师的辛勤劳动体现在教学上，学生虚心学习，认真听好老师的每堂课，取得良好的学习成绩，这是对老师最大的尊重。其次要尊重教师的人格。古人曰："一日为师，终身为父。"可见教师在人们心中的地位。作为学生应从心里敬重老师，尊重老师的人格。学生和老师谈话时，应主动请老师坐，若老师不坐，学生应该和老师一起站着说话。同老师谈话，要集中精神，姿势端正，双目凝视老师，有不同看法时，可及时向老师请教、探讨。要虚心接受老师批评，不可当场顶撞老师。再次要礼仪行事。见到老师应问好、行少先队礼或鞠躬行礼；上下课要起立迎送；进老师办公室时要轻轻敲门或喊报告，然后开门进去，行礼后说明来意；在老师办公室、寝室不能乱翻动老师的物品；休息时间最好不打扰老师；到办公室或老师家不宜逗留过久，办完事应尽快离开等。

尊师重教的美德佳话

一、秦始皇跪拜师恩

秦始皇，名叫嬴政，战国时秦国的国君，秦王朝的建立者。公元前 221

秦始皇画像

年，他消灭了称雄的六国，建立了中国历史上第一个统一的中央集权的封建国家。

公元前215年的秋天，秦始皇乘着车，在文臣武将的护卫下，浩浩荡荡地从碣石向东北前进，这是他实现统一后的第四次出巡。

随着细碎的马蹄声，秦始皇沉浸在思索中：回想起自己幼年的老师，真使人难忘。那位严厉的老人，第一次讲课讲的就是舜赐给嬴家的姓。老师先讲亡、口、月、女、凡，然后再合成一个"嬴"字。第二天就要背，要写。

"老师，太难了。"

"什么？一个嬴字就太难了？将来秦国要靠你去治理，能难而不进吗？"老师举起了荆条棍……后来，这位可敬的严师去世了。

突然，车马停了。前卫来到秦始皇面前奏道："仙岛不远，请万岁乘马。"

于是，秦始皇上了有金佩饰的白马。又行不多时，便到了岛上，他环视渤海，豪情满怀。他低头看马前，忽然下马，撩衣跪拜。

随从的大臣们不知怎么回事，也只好跟着参拜。

等秦始皇起来，李斯才问为何参拜。

秦始皇深情地说："众卿，此岛所生荆条，正是朕在邯郸时老师所用的荆条，见了这荆条，如见恩师，焉能不拜？"

后人把这个岛改称为秦皇岛。

二、华佗虚心求教

华佗是汉代著名医学家。他精通内、外、妇、儿、针灸各科，对外科尤为擅长。

华佗成了名医以后，来找他看病的人很多。

华佗像

一天，来了一个年轻人，请华佗给他看病，华佗看了看说：“你得的是头风病，药倒是有，只是没有药引子。”

“得用什么药作药引子呢？”

“生人脑子。”病人一听，吓了一跳，上哪去找生人脑子呢？只好失望地回家了。

过了些日子，这个年轻人又找了位老医生，老医生问他：“你找人看过吗？”

“我找华佗看过，他说要生人脑子做药引子，我没办法，只好不治了。”

老医生哈哈大笑，说：“用不着找生人脑子，去找十个旧草帽，煎汤喝就行了。记住，一定要找人们带过多年的草帽才顶事。”

年轻人照着去做，果然药到病除。

有一天，华佗又碰到这个年轻人，见他生龙活虎一般，不像有病的样子，于是就问：

“你的头风病好啦？”

“是啊，多亏一位老先生给治好了。”

华佗详细地打听了治疗经过，非常敬佩那位老医生。他想向老医生请教，把他的经验学来。他知道，如果老医生知道他是华佗，肯定不会收他为徒。于是，他装扮成一名普通人的模样，跟那位医生学了三年徒。

一天，老师外出了，华佗同师弟在家里拣药。门外来了一位肚子像箩、腿粗像斗的病人。病人听说这儿有名医，便跑来求治。

老师不在家，徒弟不敢随便接待，就叫病人改天再来。病人苦苦哀求道：“求求先生，给我治一下吧，我家离这儿很远，来一趟不容易。”

这时，华佗见病人病得很重，不能迟延，就说：“我来给你治。”

说着，拿出二两砒霜交给病人说：“这是二两砒霜，分两次吃。可不能一次全吃了啊。”

病人接药，连声感谢。

病人走后，师弟埋怨道：“砒霜是毒药，吃死了人怎么办？”

“这人得的是鼓胀病，必须以毒攻毒。”

“治死了谁担当得起？”

华佗笑着说：“不会的，出了事我担着。”

那个大肚子病人拿药出了村外，正巧碰上老医生回来了，病人便走上前求治。老医生一看，说道：“你这病容易治，买二两砒霜，匀两次吃，一次吃有危险，快回去吧。”

病人一听，说：“二两砒霜，你徒弟拿给我了，他叫我分两次吃。”

老医生接过药一看，果然上面写得清楚，心想：我这个验方除了护国寺老道人和华佗，还有谁知道呢？我没有传给徒弟呀。”

回到家里，问两个徒弟：“刚才大肚子病人的药是谁开的？”

徒弟指着华佗说：“是师兄。我说这药有毒，他不听，逞能。”

华佗不慌不忙地说：“师傅，这病人得的是鼓胀病，用砒霜以毒攻毒，病人吃了有益无害。”

“这是谁告诉你的？”

“护国寺老道人，我在那儿学了几年。”

老医生这才明白过来，他就是华佗，连忙说：“华佗啊，你怎么到我这儿来学徒啊？”

华佗只好说出求学的理由。

老医生听完华佗的话，一把抓住他的手说：“你已经名声远扬了，还到我这穷乡僻壤来吃苦，真对不起你呀。”

老医生当即把治头风病的单方告诉了华佗。

三、画圣拜师

吴道子是唐朝开元盛世时的画圣。

他天性聪明，在向师傅学画的一群学生中，他的成绩最突出，画得很好。师傅看他学有成绩，让他出去闯荡一番，临别时向他赠言：“不拘成法，另辟蹊径。”

吴道子认为自己了不起，恃技狂傲。有一次，与绘画比较出名的杨惠之比画，结果惨遭失败，他羞愤难当，不仅撕了自己的画，也把杨惠之的画抢过来撕掉了。

他没想到还有人比他画得好。他衣衫不整，失魂落魄地来到一家酒肆。正巧，当朝的秘书监贺知章和长史张旭正在豪饮。他们醉后挥笔，贺知章提笔写出一幅古拙沉雄，具有飞动之势的狂隶书：“酒中去寻蓬莱境，悠悠荡荡上青云。”

张旭放臂挥写，两行狂草出现在墙壁上：“张颠自有沧海量，满壁龙蛇碗底来。”字迹真如龙蛇狂舞，气势豪壮。

吴道子看得发呆，仿佛得见天人一般。他奔到张、贺二人面前，扑地跪倒，叩头便拜。

张旭和贺知章见一个满脸污垢的人跪在面前，以为是乞丐，连忙扔下两把碎银子，向门外走去。

吴道子慌忙站起，跑到门前，把张、贺二人拦住，重又跪倒说：“在下姓吴名道子，愿投在二位老先生门下学习书法。”

张、贺二人这才明白吴道子的用意，但看他这副怪样，都不大欣赏地摇了摇头。在他们看来，这个小叫花子怎么能学好字呢？贺知章拉着张旭，绕开吴道子又向门外走去。

吴道子一看，他们不肯认他为学生，重新又站起来，急得大叫：“二位先生慢走！”然后跑过去连连叩拜不起，只叩得额头青紫，流出血来，嘴里还不住地说：“道子实在是为先生的技法倾倒，望能收下弟子。”一时间声泪俱下。

张旭、贺知章为吴道子的一片真诚所感动，过去把他扶起来。

张旭取出自己写的真、行、草三幅字给吴道子，要他先临习两年，说：“字外无法，法在字中，勤奋就是诀窍。”

烈日炎炎，蝉鸣不已，吴道子在室内赤膊挥毫，练习楷书，他大汗淋漓，案上堆满了已书写过的纸张。

秋去冬来，大雪盖地，吴道子在书写狂草。

一年过去了，吴道子去拜见恩师。

张旭看见吴道子来马上问道："你为何刚临一载就来找我？"

吴道子把一幅自己写的草书呈给张旭："弟子来请恩师指点一下……"

张旭将条幅展开一看，很生气，随手掷于地上。吴道子见了，连忙跪在地上说："恩师，弟子知道，技法还远未练成，然而弟子不是为学书法而学书法的。"

"嗯？"张旭面有愠色。

吴道子说："弟子本来志在丹青，现如今画坛技法俱已陈旧，弟子志在创新，另开蹊径，然而苦于无从下手。也是苍天助我，幸得偶见恩师书法，笔走龙蛇，大气磅礴，猛然悟得若能以书法绘画，便可一改前代画风，于是拜在恩师门下。现有一拙作，望恩师赐教。"说毕，将一幅"兰叶描"金刚力士像呈到张旭面前。

张旭接画在手，展开观看。吴道子在一旁窥视着他的脸色。但张旭却一脸矜持，不露声色。观后，张旭把画卷了起来。

吴道子起身道："弟子还要游遍远近山川庙宇，再练山水画技，就此告辞了。"说完，对着张旭拜了三拜，转身离去。

张旭待他走后，才展开画幅重新看，嘴里叹道："绝顶聪颖绝顶狂，天生道子世无双。"

四、朱元璋赔礼

朱元璋是明朝的开国皇帝。他出身于贫苦农民家庭，幼时读书不多，建国后，处理国家政务，深感不便，于是决心要为儿子请博学之士教诲，以保明朝天下。一年，朱元璋在浙江视察民情，巧遇一位学识渊博，才思敏捷，性情却十分耿直的老秀才，于是派人请老秀才入宫教书，封为太子太傅。

首次上课，老秀才先给太子圈讲文章，然后让太子背诵。自己则闭起眼睛，摇着头轻轻吟诗。不大一会儿，太子向伴读书童做起鬼脸，书童便念道："先生教学生——头动，学生见先生——头痛！"老秀才听到即问："念的什么？"太子答："念的文章。"此时，一个书童乘老秀才没睁开眼，悄悄走到他的座位旁，伸手要揪他的耳朵，却被抓住手臂。太子见了，举起戒尺就打，不料又被老秀才抓住，并喝到："跪下！"太子却是放肆惯了，自恃是太子，不把老师放在眼里，便挺身不跪。这时，朱元璋正朝毕回宫经过这里，看到老秀才和太子僵持着，就求情说："先生，饶他这一回吧！"老秀才却说："陛下，不行啊！常言道：'养不教，父之过；教不严，师之惰。'"执意不领情。这可把朱元璋弄火了，严声喝道："你放不放手?!"老秀才硬硬地答道："不放！"朱元璋当了皇帝后，还无人敢如此冒犯他，他怒不可遏，当即令武士把老秀才抓进牢中。

回到宫中，朱元璋还气呼呼的。皇后问明缘由后，心想：替儿子护短，罚了先生，这是惯子不教，难以成龙。于是慢慢地规劝起来。她问："陛下，可记得在淮西时，你曾说过世上有两种人没有私心。"朱元璋一时想不起来。皇后就说："一个是治病的郎中，一个是教书的先生。哪个郎中愿意病人患病身亡；哪个教书先生不愿他的学生多识字，进学中举。"朱元璋点点头。皇后乘机又问："那么太傅呢?"这时，朱元璋的怒气已消了，平声说："他也是为太子好，但太蛮横了，连我求情也不领。"皇后说："他是为大明天下，他不领你的情是执教严格，这样太子才能上道。要是这次领了你的情，往后太子还听他的吗?先前一连几个先生一味迁就太子，教了几天就教不下去了，如今他管教有方，你竟然把他关了，弄不好还要杀。家有家规，国有国法，师有师道，你把这些都丢了，大明朝也会保不住的。"

皇后的话，使朱元璋懊悔起来，要下令放了老秀才。皇后却不同意，认为不能不明不白地关，不明不白地放，应由朱元璋和她领着太子一起向老秀才赔礼道歉。朱元璋放不下国君的架子，犹豫起来。皇后明智地说："为明朝天下，只有这么办。"当时的朱元璋头脑是清醒的，能听进谏言，便接受皇后的规劝，先把太子严厉批评一顿，然后携皇后，领太子，一起走到关押太傅的地方。

老秀才是个有骨气的人，见皇帝等人到来，竟然别转身子不理，朱元璋抱歉地说："老秀才，别气嘛，那是寡人一时欠考虑，你还是教育有方啊！"皇后说："先生，皇帝领太子赔情来了。"太子也说："今后愿听先生教诲。"这时，老秀才转过身来，让狱官去了枷，由太子扶回书院。一路上，老秀才一言不发，朱元璋、皇后微笑着跟在后面。到书馆后，老秀才坐在椅子上，慢慢地活动一下手、腿，见皇帝、皇后心平气和，面带善意的微笑，这才摊纸研墨，提笔写下“明王明不？明！贤后贤不？贤！”两行字，向朱元璋谢恩。

五、毛泽东的半字师

毛泽东写诗文，虚心向群众求教传为佳话。

《关心群众生活，注意工作方法》一文，是毛泽东1933年在江西古老井写的。写作前，他先在群众中作了调查，发现问题。写成后，让警卫员把草稿张贴在墙上，然后把农民、战士和干部请来，念给他们听，让大家提意见。来的人挤满了他的住处，凳子不够，人们就坐在毛泽东的床上。这篇在今天仍有现实意义的光辉文献，就是在反复听取群众意见后修改成文的。

1935年10月，毛泽东写了《七律·长征》一诗，其中第三、四句原为“五岭逶迤腾细浪，金沙浪拍云崖暖”。两句里都有“浪”字，语句重复。原山西大学历史系教授罗元贞，看到主席此诗的原稿后，建议将“浪拍”改为“水拍”。毛泽东接受了罗元贞的建议，还称他为“一字师”。这首诗发表时，毛主席自注云“浪拍：改水拍。这是一个不相识的朋友建议改的。他说，不要一篇有两个‘浪’字，是可以的。”

中国共产党第八次全国代表大会于1956年9月在北京举行，毛泽东致开幕词。与会同志听了后，一致称赞这个开幕词写得好。毛泽东却笑着说，这不是我一个人的功劳，是秘书帮我改的。事情是这样的，会前，毛泽东草拟了初稿，但对稿子不大满意，就让秘书修改。秘书也毫无顾忌，从文字到内容都做了较大的改动。毛泽东看了修改稿后，连声称赞：“改得好，改得好！”1957年，《关于正确处理人民内部矛盾的问题》公开发表之前，毛泽东先寄给当时在武汉大学任教的李达同志一份，征求意见。

毛泽东对中国古典诗词的造诣很深，但仍很虚心，经常赞扬董必武的诗醇厚严谨，陈毅的诗酣醇劲爽，形象亲切，还说：“他们都值得我学习。”陈毅请毛泽东帮他改诗时，毛泽东说：“剑英善七律，董老善五律，你要学律诗，可向他请教。”

1957 年初，他的 18 首旧体诗词发表后，江苏泰县一位小学校长写信指出，《菩萨蛮》一词中“把酒酎滔滔”的“酎”字系“酹”字之误。毛泽东《关于诗的一封信》发表不久，北京大学一位学生给他写信说，信上“遗误青年”的“遗”字，应作“贻”。毛泽东听了这两条意见后，及时告诉《诗刊》编辑部加以改正。

1959 年，毛泽东写《七律·到韶山》、《七律·登庐山》两诗时，两次送请郭沫若“审改”。庐山会议初期，毛泽东准备印发《七律·到韶山》时，又向当时在他身边的梅白请教。梅白看了诗稿后说，“别梦依稀哭逝川”这一句应改半个字，即把“哭”字改为“咒”字。毛泽东欣然接受，称梅白为他的“半字师”。原作最后一句为“始使人民百万年”，梅白又指出有口号之嫌。毛泽东即将最后一句改为“遍地英雄下夕烟”。臧克家同志建议毛主席将《沁园春·雪》中“原驰腊象”的“腊”改为“蜡”，毛泽东点头同意说：“你就替我改过来吧！”《词六首》在《人民文学》发表之前，臧克家在毛泽东所写小序中，勾去了一个“于”字。1962 年 4 月，毛主席给他写信说：“你细心给我修改的几处，改得好，我完全同意。还有什么可改之处没有，请费心斟酌赐教为盼。”

1964 年元旦，《毛主席诗词》正式出版之前，毛泽东开列名单，用粗大的铅笔写了一张条子：“请同志们一议。”参加座谈提意见的同志建议其中的三篇诗词暂时不收入集中，毛主席立即划掉了那三首诗词。哪怕是“半字师”，“一字师”，毛泽东都秉承谦虚，尊敬的态度，这是做学问必备的品质。

敬贤的品质

敬贤重才的品质

敬贤重才就是崇敬品德高尚的人，有才能的贤达之人，也就是敬贤纳士。在我国古代开明而又有远见的统治者都很重视人才，他们敬贤纳士的例子多得举不胜举。周文王访贤时，在渭河边亲自寻找姜子牙，刘备拜见诸葛亮时三顾茅庐。还有秦始皇、刘邦、曹操、诸葛亮、李世民，这些推动历史进步的伟大人物都是十分敬贤的，也正是他们这些优秀品质才助他们成就了一番伟业。古人尚且如此，今天我们在建设小康社会的征途中，祖国的繁荣强大，要靠贤才去无私奉献，因此全社会应该尊敬他们。只有鼠目寸光，心胸狭窄之人才妒贤，三国时候的周瑜因嫉妒孔明而英年早逝，南宋的秦桧因嫉妒岳飞而使南宋失去中原，差点亡国，慈禧排除异己杀贤才，把清朝弄得落后挨打，最终灭亡。我们普通人更应崇敬贤才，学习贤人，自己才能进步，与人和谐相处。因此敬贤是一个人的品德也是一种美德。敬贤是一种精神状态，是一种社会风尚，它能陶冶人的情操，帮助人树立正确的观念。在构建和谐社会的新征途中更需要用它武装人，指导人们确立良好的道德观。眼下，我们国家在国际社会中的地位提高了，经济发展的速度很快，物质条件大大改善了。但国人还应清醒地认识到，部分人的精神生活空虚，出现了一些不良现象，享乐主义和拜金主义在一些人中滋长，讲排场，比阔气，挥霍浪费，唯我独尊的现象越来越多，它严重腐蚀了一些青年人，特别是盲目追求西方低俗文化，对西方国家的某些民俗如醉如痴，我们自己的优秀文化，优良传统反而淡化了。众所周知，中国文化古老而优秀，这也是世界人公认的。如今外国人都研究和学习中国古老文化精髓，推崇尊老敬贤，而中国人把自己的优良传统、优秀文化丢了，去学习西方文化的粗俗，这就像丢了西瓜抓芝麻一样。为此，在构建和谐社会中，必须发扬尊老敬贤的优良传统，牢固树立社会主义荣辱观，和谐社会才能早日实现。

敬贤重才的美德故事

一、尧舜禅让

早在四千多年前，我国历史中重视贤才的帝王，尧，就是被人们所称颂的先例。

尧在位的时候，我国还存在着部落首领的禅让制度。首领位置由谁执掌，要经过民主推举。尧在位多年，年事已高，需要选择一位贤德的人来接替自己。为此，他费尽了苦心，在访贤禅让的问题上，和部属进行了反复的讨论和访求。

开始，他先征求诸小首领的意见："谁能代替我的位置？"大家听后，都面面相觑，没有一个人肯站出来。他们对尧说："我们都不是管理天下大事的人才，请您另选贤者吧！"

尧对群臣说："诸位既然不能替我治理天下，则应为我推荐治理天下的贤士。你们经常外出，奔走四方，应当知道何处有能人啊。"

尧画像

当时，四方的首领称为"四岳"，对尧

说："民间有一个人，名叫舜，听说是一位贤才，何不请来接替您以治理天下呢？"尧说："我也听说民间有一位贤者叫舜，给我详细介绍一下。"四岳说："舜住在历山脚下，德才兼备。他父亲是一个瞎子，生母早死，继母是一个蛮不讲理的泼妇，异母弟像是一个凶残之徒。在这样一个家庭环境中，舜能够孝敬父母，照顾弟弟，最终使一家人和睦相处。"

尧听了四岳的话，感到舜或许是个贤才，但心中仍然没有底，便对大家说："禅让并非儿戏，我要设法试一试他的才能。"于是，便将自己的两个女儿娥皇、女英嫁给舜为妻，想通过两个女儿来考察舜的治家德行；并让自己的九个儿子与舜相处，以考察舜在社会上待人接物的品行。

通过这些考察，尧很为满意。他观察到：女儿嫁给舜之后，处处遵守妇道，不敢以自己的地位慢待公婆；儿子们也从舜那里受到了很大教益。从而证实舜的确是贤能之人。

经过多次考验，尧决定把首领位置让给舜。尧死后，舜正式继承部落首领位置。尧舜"禅让"，成为我国上古任贤的佳话，一直流传至今。

二、文王遇姜尚

商朝西方有个叫周的诸侯国。商朝末年，周的国君是周文王。他很敬重有本事的人，多方延请他们来帮助治理国家，许多人都来投奔他。

殷纣王看到周的势力越来越强，十分害怕，找个理由把周文王召到首都，囚禁起来。周文王的臣子为了搭救文王，搜罗了美女、好马和珍宝献给纣王，并且买通商朝的大臣，请他在纣王面前求情。纣王很贪财，又喜欢美女，他得了礼物，便把文王释放了。

周文王获得自由以后，决心治理好自己的国家，以便寻找机会推翻商朝，报仇雪耻。他看到自己手下虽然有了不少文臣武将，可是还缺少一个文武全才，能够统筹全局的人，帮他筹划灭商大计。因此，他经常留心寻访这样的大贤人。

有一次，周文王外出打猎，在渭水之滨的一条小河边遇见了一位钓鱼的老人。老人须发斑白，看上去有70多岁了。奇怪的是他一边钓鱼，一边嘴里不断叨念："快上钩呀快上钩！愿意上钩的快来上钩！"再一看，老人钓鱼的鱼钩离水面有三尺高，并且是直的，不是弯的，上面也没有钓饵，文王看了很纳闷，就过去和老人攀谈起来。

这老人姓姜名尚，又名子牙，是远古时代炎帝的后代。他曾在商朝的首都朝歌宰过牛，在黄河边上的孟津卖过酒。但由于不会做买卖，尽亏本。

周文王画像

姜尚虽然很有才华，但是在商朝却一直不得重用，真是岁月不饶人，一晃就成了70多岁的老人，但他还想找一个施展才能的机会。他听说周文王广求贤才，所以到渭水边上来钓鱼，其实是在等贤明的君主来寻访他。

周文王在和姜尚的谈论中，发现姜尚是一个眼光远大、学问渊博的人。他上通天文，下知地理，对政治、军事各方面都很有研究，特别是对于当时的政治形势，分析得头头是道。他认为商朝的天下不会很长久了，应当由贤明的领袖来推翻它，建立一个新的朝廷，让老百姓能过上舒服的日子。

姜尚的话句句都说到文王心里。他本来就是为了要推翻商朝，到处去寻访大贤人，这眼前的姜尚，不就是自己要寻访的大贤人吗？

文王恳切地对姜尚说："我们盼望您很久了，请您到我们那里去，帮助我们治理国家吧！"

说完，就叫手下人赶过车子来，邀请姜尚和自己一同上车，回到都城里去。

姜尚到了文王那里，先被立为国师，也就是最大的武官；后来又升为国相，总管全国的政治和军事。周文王的父亲在世的时候，就向往着姜尚这样的大贤人了，所以人们尊称姜尚为"太公望"。后来人们干脆把"望"字去掉，就叫"姜太公"。

姜太公做了周文王的国相，他果然是个栋梁之材，帮助周文王整顿政治和军事，对内发展生产，使人民安居乐业；对外征服各部族，开拓疆土，削弱商朝的力量。最后，推翻了商朝，建立了周朝。

三、萧何月下追韩信

萧何是西汉王朝的开国元勋，一代名相。秦朝末年，他协助刘邦在沛县起兵，响应陈胜、吴广的反秦大起义。陈胜、吴广失败后，刘邦和项羽的部队协同作战，推翻了秦王朝。项羽自立为西楚霸王，拥兵40万，号称百万。刘邦兵不过10万，号称20万。

项羽为了限制刘邦的发展，封刘邦为汉王，把刘邦的部队打发到巴蜀汉中一带。萧何等人一面协助刘邦在南郑站住脚，一面积极谋求向关中、山东发展，与项羽争夺天下。

这时，双方力量的对比是楚强汉弱。

萧何像

萧何等有识之士意识到：刘邦要想打败项羽，得到天下，除了奋发图强，建设和巩固汉中根据地外，还必须帮助刘邦延揽天下政治、军事人才。

在汉中南郑这个偏僻闭塞的地方，许多将士渴望东归故土，逃亡的士卒很多。这时，治粟都尉韩信也逃跑了。治粟都尉不过是个掌管军粮的军官，其地位还算不上将军。

萧何听说韩信逃跑了，急忙亲自追赶。

韩信，淮阴（今江苏淮阴）人。他曾在项羽的部下当过一个执戟郎的小军官，地位更低下。他多次上书献策，但因为他年轻时无力养活自己，靠洗衣妇施舍为生，而且受过无赖之徒的胯下之辱，所以项羽从不采用他的计策。

韩信背楚归汉后，当了小官，没有什么名气。有一次，他犯了法，应当斩首，正在俯身就刑的时候，他一抬头看见刘邦的部将滕公，韩信问滕公："汉王不是想得天下吗？为什么要斩壮士？"滕公见他出言豪壮，便救了他，把他推荐给萧何、刘邦。刘邦任命他当治粟都尉。

萧何曾与韩信几次长谈，十分器重韩信的才干。当时逃亡的将尉已有几十人，萧何已向刘邦推荐过韩信，仍然不见重用，韩信才决定离去。

萧何听说韩信不辞而别，来不及向刘邦打招呼，急忙连夜亲自骑马追去。

这时，有不明真相的人向刘邦报告说："萧丞相跑了！"刘邦大发雷霆，好像失去左右手一样，不知如何是好。

过了一两天，萧何来见刘邦，刘邦质问萧何："你是不是也想逃跑？"

萧何说："我不敢跑，我是去追逃跑的人。"

刘邦问萧何："你追谁？"

萧何回答说："追韩信。"

刘邦生气地骂道："这是假话！跑掉的将尉已经有几十个了，你都没去追，为什么你偏偏去追韩信？"

萧何说："那些人都算不了什么，至于韩信，他可是难得的栋梁之材呀！大王如果只想当个汉中王，没有韩信也就罢了，如果想得天下，没有韩信恐怕不行。"

刘邦说："我当然想得天下，怎么能老闷在这里呢？"

萧何说："大王如果决定打出汉中，能重用韩信，韩信自然留下，如果不重用他，他终究会离开的。"

刘邦说："我听丞相的，拜他为将军。"

萧何说："拜他为将军也留不住他。"

刘邦说："那就拜他为大将。"

"很好！"萧何对刘邦说，"大王对部下一向不大礼貌，大王若决定拜韩信为大将，应选个吉日，作斋戒，设坛场，礼仪完备，这才像个样！"

于是，刘邦决定筑坛拜将。将军们听说刘邦要拜大将，都以为这福气会降到自己头上，谁也没想到，真到拜将时，新任大将军竟是韩信。

韩信拜将后没有辜负刘邦和丞相萧何的期望，向刘邦献计：先定三秦，再同项羽决战。韩信率兵多年征战，攻城略地，破赵入齐，最后围困项羽于垓下，迫使项羽在乌江自刎，为汉王朝建立立下了汗马功劳。

四、刘备三顾茅庐

刘备投靠荆州刘表，屯驻在新野。刘表自知才能比不上刘备，因此，对刘备不敢重用。多年来寄人篱下的动荡生活，使刘备很难实现政治抱负。

渴望建功立业的刘备，决心寻求有才干、有远识的人辅佐自己，以便尽早摆脱势孤力单的困境，扩充自己的实力。

刘备画像

有一天，当地的名士司马徽对刘备说：“能看清天下大势的，是那些有真才实学的英雄俊杰。我们这里的‘卧龙’和‘凤雏’就是这样的俊杰。”

刘备忙问：“他们都是谁？”

司马徽说：“这二人是诸葛亮和庞统。您得到二人当中的一个，就可以成就一番事业了。”

建安十二年（207 年）初春，天气乍暖还寒。刘备决定亲自拜访襄阳（今湖北襄樊市）隐士诸葛亮。

当时，27 岁的诸葛亮正在襄阳以西的隆中隐居。这位有政治抱负的青年，常把自己比作管仲和乐毅，立志要干出一番事业来。他虽然躬耕隆中，但却苦读经史，熟知天下兴衰的道理，还潜心钻研兵法，兼备将才。同时，他也时刻注视着现实政治斗争的形势。

为了拜见诸葛亮，刘备带领关羽、张飞到隆中一连去了三次。前两次都没有访到，刘备仍不肯罢休。第三次去的时候，终于如愿以偿，在草庐见到了这位才华出众的年轻人。刘备说：“久慕大名，两次拜访，未能相见。今日如愿，实平生之大幸。”

诸葛亮说：“蒙将军不弃，三顾茅庐，真让我过意不去。亮年轻不才，恐怕有失厚望。”

刘备诚恳地说：“现在汉朝瓦解，群雄混战，奸臣专权，主上蒙尘。我不度德量才，想伸张大义于天下，完成统一大业，振兴汉室。由于智术短浅，屡遭失败，至今一无所成。不过，我的壮志并未因此减退，仍然想干一番事业。望先生多多指教。”

刘备的谦虚态度使诸葛亮很受感动，于是，诸葛亮便将天下形势向刘备作了一番精辟的分析，为刘备筹划了实现统一的战略和策略，勾画了三国鼎立的蓝图，既高瞻远瞩，雄心勃勃，又脚踏实地，切实可行。

刘备认为诸葛亮是他所寻找的最理想的辅弼人才，就恳切地请他出来帮助自己。诸葛亮为他诚挚的态度所打动，决心辅佐刘备创建大业，实现安国济民之志，就毅然随刘备来到新野。刘备对这位27岁的青年敬若师长，两人亲密无间，终日商讨军机大事。

关羽、张飞对此有些不大满意，说了一些牢骚话。刘备向他们解释：“我之有孔明，就好比鱼儿有了水一样啊！”

关羽和张飞也就不再说什么了。

五、唐太宗识魏徵

唐太宗胸怀大略，从谏如流，在贞观时期，出现了一大批敢于直言的大臣，其中宰相魏徵尤为突出。

魏徵，字玄成，少年时当过道士，青年时代参加了李密领导的反抗隋朝的瓦岗军。公元618年，隋朝灭亡，唐朝建立，魏徵随李密投降唐朝。在太子李建成部下为洗马（太子属官，主管经籍图书）。

那时候，太子李建成和秦王李世民兄弟俩争夺皇位的斗争，已达到了你死我活的地步。魏徵看见李世民战功卓著，积极网罗人才，文有十八学士；武有尉迟敬德、秦叔宝、程咬金等骁勇骠将，成为太子继承帝位的最大障碍，他多次劝说李建成下手除掉秦王，但太子李建成优柔寡断。后来，秦王李世民在宫城北门玄武门发动兵变，杀了太子李建成，捕捉了他的全部党羽，不久，就接替李渊，做了皇帝。

唐太宗知道魏徵是李建成的智囊，多次为李建成出谋划策，自己险些被他暗算，就命令武士把魏徵押上殿来，厉声斥责：“你离间我们兄弟之间的关系，该当何罪？”

魏徵从容不迫地说："太子（指建成）如果听我的话，岂能遭今日杀身之祸？"

唐太宗平素就钦佩他的才学，看到他临危不惧、胆略过人，确实是杰出的人才。唐太宗爱才胜于私怨，马上改变脸色，上前亲自给魏徵松绑，劝慰了一番，并拜他为谏议大夫（官名，皇帝的高级顾问），专管给皇帝提意见。

当时，在河北各州县一向与太子李建成有来往的人，心里很害怕，他们暗中勾结，企图作乱。魏徵主动向唐太宗献计说："请皇上招抚他们，否则，祸患无穷！"唐太宗觉得此话很有道理，就派魏徵为钦差大臣去河北招抚。

魏徵到了河北，对与太子有往来的人，一律赦免。太子旧部如释重负，心头的疑团顿时消散，河北一带的混乱局面也就平息下来。魏徵完成使命，从河北回到京城，太宗非常高兴，对他更加器重，经常召见他单独议论朝政。

魏徵深受唐太宗重用，先后上奏章200多次。他的建议立言精辟，深谋远虑。不久，唐太宗就拜魏徵为宰相兼谏议大夫。

魏徵当了宰相以后，皇上左右有人就告发他结党营私。唐太宗没有轻信，他派御史大夫温彦博前去查办，结果不是那么回事。但是温彦博却说："魏徵作为一个臣子，行为不检点，不注意躲避嫌疑，以致受到没有根据的诽谤，这是应该受到责备的。"

唐太宗就派温彦博去责备魏徵。魏徵受责备之后，就去见太宗，说："我听说君主和臣子一条心，叫做一体。哪有抛开国家大事不顾，专门在检点自己行为上下功夫的道理呢？如果朝廷上上下下都这么办，那国家兴亡的大事就难以预料了。"

唐太宗听了，恍然大悟，连声说："你说的话很有道理！"

魏徵又说："我希望陛下让我做良臣，不让我做忠臣。"

太宗奇怪地问："良臣和忠臣有何不同？"

魏徵答道："像稷、契都是良臣，良臣享有美名，君主称为明君，国家因而兴旺。像龙逄、比干都是忠臣，忠臣遭到小人陷害，君王叫做昏君，国家因而衰败。"

唐太宗接着说："做君王的怎样才能耳聪目明，怎样会愚昧不明？"魏徵说：

“兼听则明，偏听则暗。”魏徵举例说，秦二世只听赵高，隋炀帝偏信虞世基，天下大乱了还不知道，导致国家灭亡。最后魏徵恳切地说：“君主能听取各方面的意见，坏人就不能一手遮天，各种情况就能如实反映上来了。”

唐太宗对魏徵愈了解，魏徵就愈能毫无顾虑地犯颜直谏。有一次，唐太宗想把郑仁基的一个美貌而有才能的女儿选到宫里来，并且已经把她的名字入了名册。魏徵听说这个女子已许配人了，就竭力劝阻说：“陛下住着豪华的宫殿，就该希望老百姓有安身的房子住；吃着美味佳肴，就该希望人民吃得又饱又适口；看着左右嫔妃，就该希望人民及时婚配，了结姻缘。现在郑家的女儿已经与人有了婚约，皇上却要拆散他们，老百姓会对陛下说些什么呢？”唐太宗听了，感到这件事确实做错了，立即下诏撤销原议。

魏徵敢同唐太宗争论，就是在唐太宗大发雷霆、大臣都低头不语的时候，也毫不犹豫地陈述自己的意见。因此，弄得唐太宗对他有几分害怕。

有一次，唐太宗要去巡游南山，行装已经准备就绪，却又不去了。魏徵问他何以改变主意，他直率地答道：“你经常劝我励精图治，勤俭治国，不可懈怠，朕怕你不高兴，就改变主意了。”

唐太宗曾经得到一只珍奇的鹞子，他非常喜欢。一天，他正在让鹞子停在自己的臂上赏玩，忽然听到禀报魏徵进宫议事来了，慌忙把鹞子藏在怀里。其实，魏徵早已看到了。他们议论了很长时间，唐太宗始终不敢把鹞子取出来，结果鹞子闷死在他的怀中。

魏徵得到唐太宗的重用，引起了朝廷中一些人的嫉恨，于是散布谣言，对他进行诽谤。有的权贵对唐太宗挑拨说：“魏徵越来越狂妄，不把陛下当作君主看待，对您傲慢无礼！”唐太宗因此对魏徵有些疑虑。有一次，魏徵直言进谏，伤害了唐太宗的自尊心，唐太宗便拍案怒骂，魏徵仍然面不改色，慷慨陈词。太宗回到后宫，咬牙切齿地骂道：“总有一日我要杀死这个乡下佬！”

皇后惊疑地问他要杀谁，唐太宗说：“魏徵常常在众人面前羞辱我！”

文德皇后知道魏徵因直谏得罪了皇帝，便默默地回到内室，换上皇后上朝的礼服，恭恭敬敬地要对唐太宗施礼祝贺。

太宗莫明其妙地问：“你这是干什么？”

皇后感慨地说：“魏徵敢于犯颜直谏，正因为陛下是英明的君主啊；只有君主贤明，臣下才敢直言。妾为您贤明而庆贺！”唐太宗才更深深地感觉到魏徵是无私的鲠臣。

光阴荏苒，唐太宗和魏徵长时间共事，两个人的感情越来越深。魏徵后来因病请求辞职，唐太宗挽留说：“金子在矿石中，看不出他的宝贵，可是会冶炼的人把金子从矿石中提炼出来，人们才把它当成宝物。现在我觉得自己还是粗糙的金矿，而先生是有高明冶炼技术的技师，还要请您锤炼！先生虽然有病，但还没有到衰老的时候，怎么能归还乡里？”

唐太宗把魏徵上书的警句良言写在屏风上，时刻提醒自己，居安思危，孜孜不怠，慎终如始。他告诉史官，据实记载魏徵的言行，使后人也从中受到教益。

唐太宗虚怀纳谏，魏徵则直言进谏，在朝廷上树立起贤臣聚集、直谏成风的开明政治局面。

贞观十七年，魏徵去世了，唐太宗好像失掉了左膀右臂。他无限感叹地说：“用铜做镜子，可以正衣冠；用历史作镜子，可以知道国家兴衰的道理；用人作镜子，可以看到自己的过错。现在魏徵逝世，我失去了一面镜子啊！”

六、乾隆一道御旨

乾隆皇帝（清高宗爱新觉罗·弘历，1736～1795）为了使自己的儿子嘉庆能够成才，便在全国各地寻找御师。结果被招进宫的是东北的一个进士，名叫王尔立。此人虽已年老，但身体壮实，文武双全，才华出众，执教森严，在全国颇有点名气。

乾隆画像

书院就设在环境优美的御花园内。有一天，王尔立一边抽着水烟，一边眯着眼静心听嘉庆背《四书》，可是小嘉庆一个字也背不出来，王尔立顿觉不悦，随即罚他下跪。正巧在这时娘娘游玩路过此处，她看到太子跪在那里，十分心痛，便向王尔立说情。王尔立看在娘娘的面上，就让嘉庆站了起来。

王尔立惴惴不安。第二天，他令书童挑着书箱，两人来到金龙殿，跪在阶下叩首道：“禀奏皇上，罪臣不才，今日辞官回乡。”乾隆甚感惊异，忙走下宝座，扶起王尔立，疑惑地问道：“老先生此举何意？”于是王尔立就把昨天娘娘为嘉庆说情的事复述了一遍。乾隆听罢，怒不可遏，当即挥笔写下了一道御旨：“娘娘免去书院，违者斩！”从此以后，娘娘再也不敢进书院了，小嘉庆在王尔立的严格训教下，很有长进。

团结的品质

团结友爱的品质

社会是一个大家庭，我们每个人都是其中一分子。团结、互助、友爱是人生必不可少的道德品质，只有拥有这种优秀的品质，我们才能有机结合起来，担当起建设祖国的重任，社会才能和谐发展。团结友爱，是中华民族人际关系的重要伦理准则，是华夏社会和炎黄子孙繁衍不息，繁荣昌盛，和睦统一的精神力量和道德支柱。邓小平同志曾经说过："中国的问题，稳定需要团结，压倒一切的是需要稳定，没有稳定的环境，什么都搞不成。稳定需要团结，团结才能稳定，要使社会长期稳定，国家长治久安，离不开党和人民群众钢铁般的团结。"孟子曾说过："天时不如地利，地利不如人和。"中国革命的历史就是一部团结奋战，共同奋斗的历史。毛泽东同志率领广大人民，团结一切可以团结的力量，打败日本帝国主义，打倒蒋介石的反动统治，建立人民当家作主的政权，不正是体现了团结的力量吗？对于一个国家，团结友爱，是集中体现于仁爱、互助、团结、协力，成为维系社会发展和稳定的公德准绳和行为规范。"落地为兄弟，何必骨肉亲"，意思是人生下来就是兄弟，又何必一定是同胞骨肉才算是最亲的呢？

团结友爱就是要创造和谐的人际关系。中国人历来贵和。但"和"不应是无原则的一团和气，而是在团结的基础上相互帮助，共同进步。进善贵和，贵和是手段，进善才是目的。故古人十分重视"诤友"、"谏友"，正是通过这种诤谏，才能真正实现人际间的团结友爱。

团结友爱的千古佳话

一、鲍叔牙辞官为友

春秋时期，齐桓公有两个得力的助手，一个是管仲，一个是鲍叔牙。两个人都是很有才华的政治家。

特别是管仲，他在齐国进行了成功的改革，使齐国成为当时最强大的诸侯国。管仲和鲍叔牙都是很有修养的人。

从小，他们就是好朋友。无论干什么，总是形影不离。他们渐渐长大了。鲍叔牙对管仲说："咱们是大小伙子了，不能总靠家里养活。我们是不是出去做买卖？"管仲想了想，有些为难，说："我家自从父亲去世以后，母亲和我很穷，吃了上顿没下顿，哪儿有钱去做生意？"

鲍叔牙思考了一下，高兴地说："有办法啦。"

管仲忙问："什么办法？快说。"

鲍叔牙说："我还有一点钱，足够咱俩用的。"

管仲也十分高兴，说："太好了。"

鲍叔牙掰着手指头算算账说："好，钱够了。钱由我出，你出出主意就够了。"

管仲点头，说："好。我一定好好想想，怎么才能做好准备。"经过一番准备，他俩真的做起了生意。

两个人起早贪黑，奔波忙碌，谁也不叫苦。每次赚了钱，鲍叔牙总是把多一半给管仲，少一半给自己。

管仲有些过意不去，说："这样，我心里很不安然。本来你应该拿大部分。"

鲍叔牙诚恳地说："我们是朋友，你家有困难，我们互相帮助。你就收下钱，别客气了。"

后来，他们又一起去当兵。

每次打仗，鲍叔牙都紧紧跟在管仲身后。前进时，他又跑到管仲的前头。后退的时候，他又走在管仲的后边。只要一遇到危险，鲍叔牙都毫不犹豫地用自己的身体去掩护管仲。

有一次，一场战斗过后，鲍叔牙受了伤，管仲急忙为他包扎伤口。

管仲看到流血的伤口，难过地说："这都是为了我才受伤的啊。"

鲍叔牙笑了笑，不以为意地说："没有关系，没有关系。"

有人问鲍叔牙："对朋友，你可算好极了。这样是为了什么？"

鲍叔牙说："我不这样做，管仲也会这样做的。我总以为，他比我有本事，有胆量。总有一天，他会比我干出更大的事业来的。"

后来，他们果然都在齐国做出了成绩。由于鲍叔牙在齐国做官的时间长，管仲时间短，管仲的官职超过鲍叔牙以后，一些大臣议论纷纷，替鲍叔牙打抱不平。

鲍叔牙知道自己如果继续做官，可能会对管仲不利，于是毅然向齐桓公辞官还乡。

他说："为了使管仲更好地施展才能，我辞官回乡。"

齐桓公挽留他说："你真是一位高尚的人啊。管仲就是你推荐给我的，现在为了他，又要辞官还乡。我要管仲，也需要你，请你留下吧。"

管仲也劝鲍叔牙："你不要走，别人议论什么，我不在乎。"

第二天，鲍叔牙悄悄离去了。

他为了齐国的富强，为了管仲更好地工作，他不计较个人名利，悄然离去了。

人们都敬佩他的为人。

管仲逢人便说："生我的是父母，而了解我的，是鲍叔牙。"

二、韩柳之谊

中国文学史上，一直流传着"韩柳之谊"的佳话。

"韩"是指韩愈，"柳"指的是柳宗元。"韩柳"二人同是唐代古文运动的领袖，同是杰出的思想家、文学家。韩愈的散文气势雄放，文笔遒劲，务去陈言，逻辑严密。他是司马迁之后最优秀的散文作家。后人对韩愈散文作品的风格有“韩潮”之誉，就是说他的文风奔腾恣肆，犹如大潮飞卷。柳宗元是唐代最有成就的散文作家。他的政论文大都能切中时弊，说理透彻；他的山水游记富有诗情画意，对景物刻画入微。他也是唐代的优秀诗人，他的诗别具一格，苏轼高度评价他的诗，说是“外枯而中膏，似淡而实美”。

就是这样两位同在文学创作上有突出成就的文人，却有着非常深厚的友情。

韩柳二人，同朝为官，韩愈当监察御史时，柳宗元做监察御史里行，即御史的见习官。他们经常在一起讨论政事，切磋诗文，尽管有时争论得面红耳赤，互不相让，可丝毫没有影响他们之间的友谊。

唐朝永贞元年，王叔文等人执政，提拔柳宗元为尚书礼部员外郎，柳宗元参加了王叔文的革新运动。革新失败后，王叔文被杀，柳宗元被贬到永州（今湖南省零陵）做司马时，许多过去的朋友因此同柳宗元断绝了往来。但韩愈和他之间的书信往来从未间断过，信中相互倾吐着思念的感情，双方各自把自己写出的新作品寄给对方征求意见，对政治、人生等问题交流看法。当观点有分歧时，他们双方就展开激烈的争论。有时为辩论一个问题，往复许多次信件，争论很长时间。

尽管他们二人都在文学创作上有相当大的成就，都有很高的声望，但他们都很谦虚，互相尊重对方。有一次，一个叫韦珩的文学青年向韩愈求教如何写文章，他进行了一番指点之后，便对韦珩说：“柳宗元的议论引据古今事典为证，出入经史百家，深博无涯，有自己独特的风格和见地。这些，我都自愧不如。你若能跟随他学习，长进会更大。”韦珩果然去永州向柳宗元求教。柳宗元热情地指导他写作，同时还对他说：“韩愈的才学要高过我许多倍。他的文章雄奇豪壮，流畅通达，只有汉代的司马迁可以跟他相比，连扬雄（西汉文学家、哲学家、语言学家）也远不如他才思敏捷，气势浩荡。”

韩柳二人为了切磋诗文，经常毫不留情地相互争论，但在文学创作的探索上，却是相互大力支持。当韩愈因写作《毛颖传》而遭到一些人围攻、耻笑的时候，柳宗元挺身而出，全力支持韩愈的创新。他义正辞严地反击那些嘲笑者们说："你们所喜爱的文章，不过是一些模拟、抄袭前人，形式华丽而内容空洞的东西罢了，哪里能识得真正的好文章。"当韩愈提出了"文以鸣道"的文学主张，要求人们写文章要"言之有物"时，柳宗元不仅赞同这些主张，同时还写了许多论文，进一步充实了韩愈的理论。当韩愈提出了"不平则鸣"的口号，要求写文章要敢于揭露现实时，柳宗元便用自己的写作实践积极响应，带头写了大量"不平则鸣"的文章，反映人民的疾苦，揭露统治阶级的罪恶。

柳宗元先于韩愈去世。逝世前，柳宗元给韩愈写了一封长信，托他关照自己的子女。韩愈接到信后，反复诵读，潸然泪下。为了缅怀老朋友生前的功绩，寄托自己的哀思，韩愈在柳宗元去世后，赶写出了《柳子厚墓志铭》。

柳宗元死后的第三年，柳州人民为他修建了罗池庙宇，并请韩愈为新建的庙宇撰写碑文。韩愈欣然接受，很快写出了《柳州罗池庙碑》，文中充分表达了对柳宗元深深的怀念之情。文中有一段是这样写的：

"荔枝红啊香蕉黄，我们把它同菜肴一起捧进了柳侯的神堂。远远望见柳江那边飘来了柳侯的灵船，那船上插着两面白旗，在轻风中飘扬。等候好久，还不见柳侯来啊，我的心情有多么的忧伤。"

三、二十八画生征友启事

1915 年秋天，长沙各重要学校都收到了一份"征友启事"。启事是用蜡板油印的，约两三百字，最后引用了《诗经》上"嘤其鸣矣，求其友声"这两句诗，落款是"二十八画生"，通讯处是"第一师范附属学校陈章甫（即陈昌，当时任附小教员）转交"，信封上还批着："请张贴在大家看得见的地方"。

"二十八画生"是什么人？征友的目的又到底为哪般？在当时尚比较闭塞的长沙，这种征友创举一般人很难理解。一些思想守旧的校长，觉得这个"二十八画生"是个怪人，征友是不怀好意的，于是把启事没收，不准张贴。省立第一女子师范学校的马校长，竟认为这个启事是为了找女学生

毛泽东

谈恋爱。这位马校长按启事上注明的通讯处找到了陈章甫，又找到了第一师范的校长，这才弄清了原委，消除了误会，原来这个“二十八画生”是个品学极优的学生。他，就是毛泽东同志（“毛泽东”三字的繁体总共28画）。

毛泽东少有大志。早在他13~15岁辍学在家干农活时，空余时间就常读一些呼吁救亡图存的小册子。其中，郑观应的《盛世危言》对他影响很深。有一本关于列强如何瓜分中国的小册子，几十年后他还清楚地记得它开头的第一句是：“呜呼中国覆亡有日矣。”后来，毛泽东同志回忆说：“我读到这些史实时，觉得祖国的将来，非常可忧，我开始认为努力救国是每一个人的天职。”1913年，20岁的毛泽东进入湖南第一师范读书后，开始为研究学问、探索救国之道而团结同志。他和蔡和森、肖子昇、何叔衡、张昆弟等十来人经常聚会，常引顾炎武的信条“天下兴亡，匹夫有责”互相激励，严肃地“以天下为己任”，期望成为“栋梁之材”。他觉得要实现救国救民的伟大抱负，必须有一大帮志同道合、坚定不移的人共同奋斗。他还觉得仅仅团结校内和少数有志青年还不够，还要向校外发展力量。于是，他才发出了有名的“二十八画生征友启事”。据毛泽东同志自己回忆，启事的内容主要结交对救国工作感兴趣的青年，特别提出要能耐艰苦，有决心，直到能为国牺牲。

毛泽东的征友启事发出后，由于这种创举不易为一般人所理解，因此只征得五六个人的回信，其中就有李立三和罗章龙。尽管人数不多，毛泽东仍然感到愉快和高兴。他在1915年11月9日致黎锦熙的信中说：“两年以来，求友之心甚炽。夏假后，乃作一启事张之各校，应者亦五六人。近日以来稍快唯此耳。”

四、高山流水遇知音

中秋时节，春秋战国时期的俞伯牙，回家乡时路过汉阳，因遇风雨，泊舟山下。当晚雨过天晴，皓月临空，伯牙在船里抚琴遣怀。突然，铿然一声，断了一弦，伯牙一惊，便没心思弹琴了。他随即踱出船舱，想要欣赏中秋月色，一抬头，看见岸边站着一个人。“你是什么人?”“砍柴的。”伯牙想，山里的砍柴人，怎么会欣赏音乐呢?没有在意，但聊了几句，砍柴人对琴理谈得头头是道，使伯牙大惊。于是，他邀砍柴人上船，说：“我弹一曲你听听，你能知道我的心思吗?”

“试试吧。”

伯牙弹完一曲，砍柴人边听边点头，说：“好啊，巍峨高耸像泰山。”伯牙又弹一曲，砍柴人说：“好啊，汪洋奔放像江河。”

伯牙为遇到知音深为高兴，同他结为兄弟。砍柴人是谁呢?他是钟子期，一个志行高洁的人。

五、千古一朋

朱晖，字文季，是晋代人。他跟同乡陈揖是好朋友，常常在一起读书讨论、研究学问，互相都有启发。可惜得很，陈揖的夫人怀孕不久，陈揖就死了。

不久，陈揖的妻子生了个孩子叫陈友，朱晖就代朋友抚养、教育孩子。陈友聪明好学，朱晖常摸着小家伙的头，说：“孩子，努力吧，你应像你爸爸一样，做个有学问的人。”

后来，朱晖的一个朋友当了南阳太守，派人请朱晖的儿子朱骈去做官。朱晖想到陈揖的友谊，于是请求南阳太守不要叫朱骈去，并推荐说：“换个人吧，我朋友陈揖的孩子陈友才学更好些……”

南阳太守答应了朱晖的要求，陈友便当了官。

后人称赞朱晖是“千古一朋”，意思是夸他为古往今来难得的一个好朋友。

六、此生得一知己足矣

1931 年，瞿秋白同志到上海领导左翼文化运动，结识了中国文化革命的旗手鲁迅先生，两人在战斗中结下了深厚的革命友谊。鲁迅送给瞿秋白这么一副对联："人生得一知己足矣，斯世当以同怀视之。"瞿秋白在给鲁迅的一封信中则这样写道："我们是这样亲密的人，没有见面的时候就这样亲密的人。"

大约是 1931 年《毁灭》译本出版以后几个月，瞿秋白和鲁迅首次见面，以后两人秘密来往。1932 年 9 月以后，瞿秋白有好几次面临极危险的境地，不得不暂时避居在鲁迅家里。后来，鲁迅又给瞿秋白夫妇租了一个亭子间，瞿秋白在那里住了几个月。由于两家住所只隔一条马路，他们的交往比较方便，常常推心置腹地进行整夜之谈。

有一个时期，瞿秋白先后写了《王道诗话》、《伸冤》、《曲的解放》等许多杂文，用的是鲁迅的笔名，由许广平抄写后投给《申报》"自由谈"发表。鲁迅先生后来把这些杂文编进了自己的杂文集里，这样做一方面是为了不让敌人知道真正的作者，同时也表明了他们的写作谁也不是为个人，只是为了同敌人战斗。

1933 年 4 月间，瞿秋白编了一本《鲁迅杂感选集》，并写了序言。写序言时，他为了避免引起房东的注意，一连三天，熬着汤药，假装生病，躺在床上看完了鲁迅的杂文，到第四天晚上才起来动笔写。并肩战斗使瞿秋白深刻了解了鲁迅，他第一个用马克思主义的观点对鲁迅的杂文作了精辟的分析和高度的评价。鲁迅看了序言十分高兴，对瞿秋白对他的评价和批评表示由衷的感激。

1933 年 12 月底，瞿秋白离开上海前往中央苏区。在动身的前两天，他去和鲁迅告别，两人一直谈到深夜。鲁迅夫妇在地板上睡了一夜，把床让给瞿秋白。

瞿秋白在福建长汀被捕后，曾给鲁迅写信。鲁迅积极准备营救，可惜时间极短，瞿秋白就被敌人杀害了。瞿秋白牺牲后，鲁迅极其沉痛地说："这在文化上的损失，真是无可比喻。"为了纪念瞿秋白，鲁迅拖着重病的身子，把瞿秋白的遗文编辑成两大本，题为《海上述林》，亲自抄稿子，亲自校对，亲自联系出版和发行。为了对付白色恐怖，《海上述林》用了“诸夏怀霜社”的名义出版，寄托了鲁迅的全部哀思。而且书印得十分讲究，用重磅道林纸精印，精装本是麻面皮背，平装本是用天鹅绒做的书面。鲁迅曾欣慰地说：“中国书没有像这样的讲究的出过。”鲁迅在逝世前两天，还把《海上述林》分寄给有关的朋友。

谦虚的品质

谦虚有礼的品质

谦虚是指虚心、不自满，具有虚怀若谷的精神和自知之明的态度。俗话讲："谦受益，满招损"就是这个道理。谦虚是一种厚德载物的品德，真正谦虚的人容上，也容下，荣强，也容弱。有容则大，有厚则强，孔子跟谁都请教，跟大师也请教，跟农夫也请教，跟小孩子也请教，所以孔子成了大思想家。谦就是容，虚就是不满，谦虚就是永远不满，永远接受所有正确的文化思想，但是不是认同所有的文化思想，而是兼听则明、融会贯通，使自己进步，使思想文化得到发展。孔子说："三人行，必有我师焉。"谦虚的人善于发现别人的优点，并随时向别人请教。

古人云："君子不失足于人，不失色于人，不失口于人。"意思是讲：有道德的人待人应彬彬有礼，态度不能粗暴傲慢，更不能出言不逊。中华民族素有"礼仪之邦"的美称，礼貌待人是我们的传统美德，是古已有之的起码的行为要求。

礼貌是人们在与他人交往的各种行为处境中所应有的品行和礼仪。它要求诚恳、谦恭、和善及有分寸。我国古代有《礼记》一书，它是专门记叙古代各种礼仪的，我们的祖先是很注重这方面教育的。今天，我们作为"礼仪之邦"之民，更应继承和发扬谦虚礼貌的好传统，见到尊长要主动问好，要用尊称，不直呼其名；尊老爱幼，平等待人，举止文雅，讲话文明、礼貌；不打扰别人的工作、学习和休息；不打架、不骂人，严格遵守各种规章制度。大家都知道古代有个“孔融让梨”的故事，孔融将大梨留给哥哥和弟弟，而自己只拿最小的梨。这个故事深刻地教育我们，古人尚且如此，我们今天作为新一代青少年更应自觉做到礼貌待人，使我们的生活更为和谐、安详。

礼仪之邦的美德故事

一、韩信忍胯下之辱

韩信是淮阴人，年轻时，家里很穷，没有正当职业，到处游荡。他没有钱，又没有事干，常常以讨饭为生。

有一次，饥饿难忍的韩信来到县城的护城河边钓鱼。旁边有几个洗衣服的老年妇女。有一个老妇见韩信几天没有吃饭，高大的身材都快支撑不住了。她很可怜韩信，连着几天给韩信带来饭食。韩信感谢老妇，说：“我以后一定要报答你。”老妇人生气地说：“我可怜你几天没吃到一顿饭，哪里指望你的报答？但愿你成为一个有用的男子汉吧！”

韩信像

韩信听了老妇人的话，心里不是滋味。他悻悻地向城里的街上走去。忽然，有人高声喊道：“韩信，站住，不许过去！”

韩信一看，前面有一群人在街上谈天，其中有一个神态骄横的少年，叉着腿、伸着胳膊，挡住韩信的去路。

韩信不想理他，那少年竟更狂妄起来，指着韩信背上挎的那把剑说：“别看你身躯高大，带着宝剑，其实是个胆小鬼，没有什么出息！”这时候，好多人已经围上来看热闹。只听那少年说：“韩信，你要有胆量就用剑刺死我；如果不敢刺我，就只许从我两腿间钻过去！”说完，又把腿叉开，摆出架势。众人出于好奇，一齐盯着韩信。韩信呆呆地站了好久，只见他俯下身子，小心翼翼地从那少年胯下钻了过去，引起了一片喧闹和讥笑的声音。

10 年过去了，韩信参加了推翻秦王朝的农民起义，先在项羽手下，后在刘邦部下任将军。他被刘邦重用之后，统兵百万，屡战屡胜。刘邦平定天下之后，论定韩信军功最大，封为楚王。楚王韩信于是又回到了当年流浪受辱的故乡，打探当年老妇人及侮辱他的那个少年的下落。当地百姓听说，纷纷议论道：那位老妇人该富贵了，那位少年的末日到来了。

韩信终于找到了老妇人和那个少年，还召来了附近的乡亲。他赐给老妇人一千斤金子，让她度过晚年。轮到那个曾经侮辱过韩信的人了。只见那人已经成为一个身强力壮的成人，胆怯地跪在韩信面前。

韩信指着那个男子汉对左右说：“这是一个壮士。当年侮辱我时，我当然能够杀死他。但杀死一个无知的少年有什么用呢？因此我一直忍了下来。今天，我任命他为中尉，掌管捕捉盗贼的事情。”

这个出人意料的决定，使那个男子不敢相信自己的耳朵，也引起了百姓的惊奇和赞叹。而韩信的部下也更加信赖和效忠他们的主人了。

不计前仇，以德报怨。韩信表现了一个有气度、有机谋的大将的胸怀。由此，人们也便不难理解，为什么韩信能驾驭千军万马，成为足智多谋的常胜将军了。像韩信这样谦虚有礼，大度容人的品质是很值得推荐的。

二、梅兰芳虚心拜师

京剧大师梅兰芳，他不仅在京剧艺术上有很深的造诣，而且还是丹青妙手。他拜名画家齐白石为师，虚心求教，总是执弟子之礼，经常为白石老人磨墨铺纸，全不因为自己是名演员而自傲。

有一次齐白石和梅兰芳同到一家人家作客，白石老人先到，他布衣布鞋，其他宾朋皆社会名流，或西装革履，或长袍马褂，齐白石显得有些寒酸，不引人注意。不久，梅兰芳到，主人高兴相迎，其余宾客也都蜂拥而上，一一同他握手。可梅兰芳知道齐白石也来赴宴，便四下环顾，寻找老师。忽然，他看到了冷落在一旁的白石老人，他就让开别人一只只伸过来的手，挤出人群向画家恭恭敬敬地叫了一声“老师”，向他致意问安。在座的人见状很惊讶，齐白石深受感动，几天后特向梅兰芳馈赠《雪中送炭图》并题诗道：

记得前朝享太平，布衣尊贵动公卿。

如今沦落长安市，幸有梅郎识姓名。

梅兰芳不仅拜画家为师，他也拜普通人为师。他有一次在演出京剧《杀惜》时，在众多喝彩叫好声中，他听到有个老年观众说“不好”。梅兰芳来不及卸装更衣就用专车把这位老人接到家中，恭恭敬敬地对老人说：“说我不好的人，是我的老师。先生说我不好，必有高见，定请赐教，学生决心亡羊补牢。”老人指出：“阎惜姣上楼和下楼的台步，按梨园规定，应是上七下八，博士为何八上八下？”梅兰芳恍然大悟，连声称谢。以后梅兰芳经常请这位老先生观看他演戏，请他指正，称他为“老师”。

三、蔡邕迎客

蔡文姬的父亲蔡邕，是东汉时著名的文学家和书法家。公元190年，汉献帝迁都长安，蔡邕也一起到了长安。这年蔡邕59岁，已经是献帝的左中郎将了，进出常常是前呼后拥，车骑填巷，真可谓才学显著，贵重朝廷。

当时，山阳高平（今山东省微山县）有个叫王粲的人，因慕蔡邕之名，专程从山东步行到长安拜访。此人虽然年少，不过十六七岁，却也是才华出众，名传四方。这天，蔡邕正在家中与来宾交谈，门房前来禀报，有王粲求见。古时候，人们在家里是脱掉鞋子席地而坐的，蔡邕听说王粲在门外，急忙起身相迎，连鞋子都顾不得穿好，倒拖着鞋子就往门外奔去。在座的人见蔡邕如此急忙，以为来了什么大官，也都连忙起身恭候，及至蔡邕和王粲到了堂前，不禁大吃一惊，只见王粲不仅年幼，而且长得十分矮小，完全是个孩子。他们觉得蔡邕这样做未免有失身份了，可是蔡邕却满不在乎，他一边和王粲亲切地交谈，一边对宾客们说："此王公孙也，有异才，吾不如也，吾家书籍文章，尽当与之。"（这是王公的孙子，有奇异的才能，我不如他，我家的书籍应当全部供他使用）从这以后，59 岁的蔡邕和 17 岁的王粲做了一对好朋友，两人经常在一起谈心学习，互相请教。后来，蔡邕倒屣迎王粲的故事，被人用来形容对来客的热情欢迎，唐朝皮日休写过这样两句诗："敲门若我访，倒屣欣逢迎。"

四、李白辍笔黄鹤楼

大诗人李白尽管诗才极高，但政治上不得意，心里非常苦闷，他遍游祖国名山大川，在领略壮美的山河景色中，排遣自己的烦恼。

这一天，他来到了湖北省武昌县，巧遇好友高适，二人久别重逢，欣喜万分。高适比他先来一步，便以半个主人自居。李白也开玩笑地说："既然如此，你可要尽地主之谊，告诉我，在武昌县那里最好玩？"

"那不过是举手之劳。"高适得意地说，"来到武昌县，必游黄鹄矶。否则，那简直是白来一趟。"

李白不解地问："那是为什么？"

高适说："在黄鹄矶上，有一座黄鹤楼，黄鹤楼是武昌县的一景，有美丽的传说和精美的建筑。登临黄鹤楼，可尽观江汉美景；在黄鹤楼上还可品尝到美味佳酿，你说不去行吗？"

李白忙说："对，对，一定要去，你带我到那里去看看。"

二人便向江边的黄鹄矶走去。李白、高适边走边谈，不觉已到了黄鹤楼前。李白抬头一看，啊，果然名不虚传。只见那黄鹤楼楼台错落，回栏环绕，瓦顶金碧辉煌，木椽精雕细琢，汉江升起的晨雾在它周围缭绕，真如琼台仙阁一般。

李白和高适来到黄鹤楼上，凭栏远眺，只见江湖烟波浩渺，隔江相望，对岸的汉阳城绿树掩映，鹦鹉洲百草丰茂，如同一幅壮美的图画扑入眼帘。

李白顿时觉得心旷神怡，感慨万千。一时他双目放光，两腮通红。一股创作的激情冲撞着他的心，一连串的诗句在他的脑海中闪现。高适很了解自己的朋友，知道他现在需要笔、纸，便急忙到店家那里取来了笔墨，递到李白的手里。李白接过笔，又要纸。高适指着一面墙壁，说："就题在这里。"李白将笔在墨汁里蘸饱了墨，挥笔便写。可是，笔在半空中突然停住了。

原来，那面墙壁上已经有了一首诗。那诗写的是：

昔人已乘黄鹤去，此地空余黄鹤楼。
黄鹤一去不复返，白云千载空悠悠。
晴川历历汉阳树，芳草萋萋鹦鹉洲。
日暮乡关何处是？烟波江上使人愁。

诗下面的落款是崔颢。

李白细细地品读着。

高适正等着看李白的佳作，因为凭他的经验，李白一进入这种状态，就会有好诗问世了。可是今天，李白却是落不下笔了，真是一反常态。便说："太白兄，你怎么不写了？"

李白回过头来，说："你没看见，墙上已经有了一首。"

高适说："那不过是崔颢的戏作。你写你的，他写他的，两不相干呀！"

李白摇摇头："不，你说的不对，这不仅是一首好诗，而且是千古绝唱。诗的前四句记叙了黄鹤楼的古老而优美的传说，后四句写了今天黄鹤楼前壮美的景色，无论用典还是写景，都贯穿了诗人思古之幽情，抚今之怅惘。诗写得自然典丽，对仗工整，语言也流畅如水，真是好诗呀。"

高适听李白的这一通分析品诗，再仔细地去读崔颢的诗，觉得确实写得不错。自己只当崔颢的功夫不如李白，便将他妄自菲薄一通，真是太小人之见了。但是他还不理解自己的朋友为什么今天写诗这么犹豫，便又劝李白说："你还是写一首吧，难得来一次，总得留个纪念呀。"

李白摇摇头，吟道："眼前有景道不得，崔颢题诗在上头。"

原来，李白并不是不想写，而是他把自己头脑中闪现出的那些诗句，同崔颢的诗加以比较，自愧不如，于是只好罢手了。李白自愧不如，不肯下笔，一代"诗仙"虚怀若谷，值得后人学习。

五、郭沫若向演员求教

1942年初夏的一个夜晚，在号称长江沿岸三大火炉之一的山城重庆，有一家剧院正在上演郭沫若的新作——五幕历史剧《屈原》。观众们冒着30多度的高温挤坐在一起，聚精会神、目不转睛地看着演出，额上的汗水不停地往下流，似乎全然不觉，他们完全被屈原的不幸遭遇、爱国热情和顽强斗争的精神深深地吸引住了。特别是屈原那景仰光明、渴望摧毁黑暗的《雷电颂》，像利剑一样刺向反动派，更在他们的心里掀起了滚滚波涛。大幕刚一落下，剧场里立即爆发出热烈的掌声。

为了检查演出的效果，不断修改提高，郭老也在台下看戏。演员的表演，他十分满意，观众的热情，又使他深受鼓舞。但他总觉得剧中有一句台词在台下听起来不够味儿。那是第五幕第一场，屈原的侍女婵娟满怀疾愤地痛斥投靠南后、背叛老师的宋玉的一段话："宋玉，我特别的恨你，你辜负了先生的教育，你是没有骨气的文人！""究竟是哪点不够味儿呢？"郭老边看边想，一直到散场，仍未找到答案。

回到了天官府家中，郭老又继续琢磨如何修改，想了半天，才算是有了点眉目。第二天晚上演出前，他便到后台找到扮演婵娟的张瑞芳，商量怎样修改。

郭沫若

张瑞芳正要准备化妆，一见郭老来了，十分高兴，便请郭老对昨晚的演出提出意见。

郭老笑着说："演得不错嘛！很有激情啊！就是有一句台词听起来似乎不够味儿。"

"哪一句？"

"就是婵娟骂宋玉的那句话：'你是没有骨气的文人！'"

“我也有这样的感觉。每次演到这里，总觉得有点别扭，好像没有把婵娟痛恨宋玉的强烈感情充分表达出来。”

“我看，在‘没有骨气的’后面加上‘无耻的’三个字，怎么样？”

张瑞芳没有马上回答。她站起身来，学着舞台上的动作，满怀疾愤地说：“宋玉，我特别的恨你，……你是没有骨气的无耻的文人！”她用各种姿势，各种语气，重复了几遍，最后摇头说：“好像还是不大够味儿！”

“还是不大够味儿？”郭老似乎有点为难了。他走到窗前，望着窗外火红的石榴，陷入了沉思。

“这样改行不行？”不知是谁说了这么一句。

郭老转身一看，原来是正在化妆的张逸生，连忙问道：“你怎样？”

“把‘你是’改成‘你这’不就够味了吗？”

郭老一听，心里一亮，马上念了起来：“你这没有骨气的无耻的文人！”你这没有骨气的无耻的文人！……好！改得好！”郭老情不自禁地拍了一下张逸生的肩膀，“你这一改，比原来那句话够味多了！”

张瑞芳也带着表情高声地念了一遍，眉飞色舞地说：“改得太好了，这一下，婵娟的感情就充分地表达出来了！这一场，我马上就照改后的台词演出。”

在当天晚上的演出中，演员念到婵娟痛斥宋玉的这句台词时，果然比昨晚的演出有力多了，郭老在台下听起来也觉得很满意。